新视野·文化遗产保护论丛（第一辑）

线型文化遗产保护

单霁翔 著

天津大学出版社
TIANJIN UNIVERSITY PRESS

图书在版编目（CIP）数据

线型文化遗产保护 / 单霁翔著．—天津：天津大学出版社，2015.5

（新视野·文化遗产保护论丛．第1辑）
ISBN 978-7-5618-5308-5

Ⅰ．①线… Ⅱ．①单… Ⅲ．①文化遗产—保护—研究—中国 Ⅳ．①K203

中国版本图书馆CIP数据核字（2015）第103010号

策划编辑 金　磊　　韩振平
责任编辑 李文慧
装帧设计 谷英卉　　董秋岑

出版发行 天津大学出版社
地　　址 天津市卫津路92号天津大学内（邮编：300072）
电　　话 发行部：022-27403647
网　　址 publish.tju.edu.cn
印　　刷 天津市豪迈印务有限公司
经　　销 全国各地新华书店
开　　本 148 mm ×210 mm
印　　张 7.75
字　　数 223千
版　　次 2015年6月第1版
印　　次 2015年6月第1次
定　　价 26.00元

自序：把工作当学问做 把问题当课题解

“新视野·文化遗产保护论丛”陆续出版在即，出版社嘱我写一个作者自序，在心怀为往昔记录的考量下，愿以时间为轴写出自己简短的感言，希望聚焦的是有启迪意义的文化历程，也希望是充满真实情感的“乡愁”。

2011年8月25日清晨接到通知，我将要离开工作近10年的国家文物局，到故宫博物院工作。消息突然，没有精神准备。记得当天上午工作日程是在中国文化遗产研究院做专题报告。一路上，10年来的工作情景在脑海中闪过，想到在走向新的岗位之前，应该对以往工作进行回顾，负责任地进行工作交接，于是到会场后便放弃了已经准备好的多媒体演示内容，改为讲述参与中国文化遗产保护的体会，将近两个小时的畅谈，仍感意犹未尽，充满着回望与寻觅的思绪。

如今回想，当年的工作状态可谓“不堪回首”。就在那天接到通知之前的一周内，还经历了“南征北战”的过程：8月18日在吉林长春为市、县政府领导培训班做文化遗产保护报告；8月20日在西藏拉萨参加中国西藏文化论坛；8月21日在四川雅安参加茶马古道保护研讨会；8月23日和24日在福建福州分别参加全国生态博物馆、涉台文物保护总体规划评审、国家水下文化遗产保护中心福建基地启动、三坊七巷社区博物馆揭牌等活动。

一周数省，这就是当年常态化的工作状况。是什么力量支撑着自己一路前行，除了文物人“敢于担当、乐于奉献”的情结外，恐怕最主要的就是“把工作当学问做、把问题当课题解”的工作方法。不断出现的问题、不断凸现的矛盾和不断涌现的挑战，将时间撕裂成一块块“碎片”，甚至一天之内要几次“脑筋急转弯”。如果不能针对闪过的想法及时停下来思考、面对发现的问题及时静下来反思，就会陷于疲于应付、不堪重负的境地。城乡建设大规模展开的时期，必然是文化遗产保护处于最紧迫、最关键的历史阶段。只有“把工作当学问做、把问题当课题解”，才能在复杂的情况下，夯实基础，居安思危，防患未然；在困难的情况下，深思熟虑，心中有数，底气充足；在紧急的情况下，头脑清醒，敢于直面，坚守底线。

“把工作当学问做、把问题当课题解”的工作方法，需要持之以恒，读书、思考、写作、归纳，早已成为每天的必修课。无论是在考察途中的汽车里，还是在往返的飞机上，特别是每天晚上静坐在书桌前，以电脑为伴，将考察的感想、调研的体会、阅读的心得及时记录下来，这是一次次思绪的梳理、认识的深化。长期下来，居然积攒下上千万字的记录，包括论文、报告、访谈、提案，林林总总，其中既有“一吐为快”的真实感受，也有“深思熟虑”的肺腑之言，还有“临阵磨枪”的即席表达。将它们汇集起来，既是一个时期实践经验的点滴记载，也是一个时代文化遗产事业的综合纪实，还是一个保护工作者不息生命的心灵写作。面对这些海量且繁杂的“原生态”记录，早已萌生出按照内容进行分类归纳的愿望。所幸天津大学出版社伸出援手，以“新视野·文化遗产保护论丛”为名，按照不同内容进行分辑分册，涉及文化遗产保护基础建设、文化遗产保护项目实施和文物博物馆事业发展等各个方面。愿这些内容不仅涉及文化遗产保护的国家意志，也能体现普惠公众的文化遗产教育主题。

一路走来，吴良镛教授的学术思想始终像一座灯塔照亮我前行的方向。“把工作当学问做、把问题当课题解”，源于吴良镛教授所倡导的“融贯的综合研究”理论框架。就是力图从更广阔的视野、更深入的角度，分析和梳理文化遗产之间的内在联系，探索和建立新的文化遗产类型和相应的保护方式，使制约文化遗产事业发展的重点、难点和瓶颈问题不断得以有效解决。实践证明：文化遗产保护、城市文化建设、博物馆发展，在方法上、尺度上、内容上虽然各有不同，但是三者有着共同的研究对象，三位一体进行“融贯的综合研究”，则可以呈现出中国特色文化遗产保护的新视野。

从1984年进入城市规划部门以来，已经30余载；从1994年进入文物系统以来，也已经20余年，其间有不少令人难忘的回忆。有幸在职业生涯的最后一站，来到故宫博物院，一方面继续享受紧张工作带来的压力和挑战，另一方面得以将几十年来积累的体会应用于具体实践。今天，更为突出的感受是，只有“把工作当学问做、把问题当课题解”，且加强全程管理，才能使每一项工作都与细节管理挂起钩来，把桩桩件件事情都做得细之又细，才能获得持续发展的后劲。

北京时间2014年6月22日15时19分，从卡塔尔首都多哈传来喜讯，在第38届世界遗产委员会会议上，“中国大运河”被列入《世界遗产名录》。30分钟后，跨国联合申报的“丝绸之路：长安—天山廊道的路网”也顺利通过评审。作为大运河和丝绸之路保护与申报的参与者和见证者，我格外激动和自豪。2015年5月5日，从文化遗产保护现场又传来好消息，世界文化遗产——大足石刻千手观音造像抢救性保护修复工程竣工，看到“前方”传来修复后的美轮美奂的千手观音造像影像，我激动不已。回想2008年“5·12汶川大地震”后的第8天，我们从四川地震重灾区现场调查灾情后，赶到重庆大足，看望已经800岁高龄的千手观音造像，看到早已满目疮痍的文物本体又被地震殃及，当即决定开展抢救保护工作，将其列为石窟类保护的“一号工程”，如今千手观音造像再现“慈祥的微笑”，得以功德圆满。的确，每当昔日的努力成就今日的收获，都是保护工作者最幸福的时刻。

2006年6月10日，我们曾以无比喜悦的心情迎来了中国第一个“文化遗产日”。10年的奋争，10年的坚守，10年的耕耘，10年的收获。再过半个多月，我们又将以无限期待的心情，迎来中国第十个“文化遗产日”。谨以“新视野·文化遗产保护论丛”献给这一节日，献给长期以来用智慧和汗水呵护文化遗产的文博同人，祝愿祖国的文化遗产永葆尊严；献给长期以来用真情和热心关注文化遗产的社会民众，祝中华文化遗产事业蓬勃发展。

2015年5月25日

目录

关于长城保护工作亟待加强的提案[①]

（2003 年 3 月）

一、长城是世界著名的文化遗产，具有重大历史和科学价值，对其进行深入研究、有效保护和科学管理具有重要的历史和现实意义

长城是人类历史上最伟大的建筑工程之一，也是中华民族的历史丰碑。长城记载、见证了中华民族大融合的历史进程，是中华民族传统文化的优秀代表，体现了中华民族勤劳智慧、坚强勇敢和热爱和平的民族精神。

甘肃嘉峪关关城（2011年8月31日）

当前，长城在向世界展示历史悠久、光辉灿烂的中华传统文化，促进长城所在地社会经济发展等方面发挥着越来越大的作

①此文为在全国政协十届一次会议上的提案，联名提案人：张艺谋 张会军 李致忠 夏燕月 王铁成 陈国星 张文彬 苏士澍 周天游 安家瑶 樊锦诗 王洪华 潘震宙 陈漱渝 刘锡津 黄宏 邓培德 张贤亮 濮存昕 沈鹏 朱英璜 艾青春 张平 刘忠德 吴江 徐锡安 吴祖强 焦文俊 尤兰田 陶铁男 汪继祥 白淑湘 姚珠珠 舒乙 陈晓光 杨力舟 王刁三 刘炳森 杜近芳 于庆成 聂震宁 刘振英 于友先。

用。长城不但是中华民族珍贵的文化财富，也是世界文化遗产，受到世界人民的关注和敬仰。长城研究、保护和管理水平的高低，保护状况的好坏，不仅关系长城本身，而且关系到我国政府在文物保护方面的国际形象。因此，长城的保护和研究不仅具有深远的历史意义，还有重大的现实意义。

二、长城保护与管理现状不容乐观

国家高度重视长城的保护和研究工作，在研究、保护等领域取得了很大成绩。如国务院将山海关、八达岭和齐长城遗址等近20处修筑于不同时期、保存较好的长城段落、关城等公布为全国重点文物保护单位。国务院办公厅在1981年转发了文化部、国家文物局关于长城的情况报告，对保护长城提出了具体要求。1984年9月，邓小平同志为北京市有关单位发起维修长城的社会赞助活动题词“爱我中华、修我长城”，更是把保护长城的意义提高到爱我中华的高度。这些都极大地促进了长城保护管理工作。

但不可否认，长城的研究工作还远未达到理想的水平，甚至长城的概念、时代、范围等基本问题还存在争议、不清楚的地方。长城仍然面临着相当严重的人为和自然破坏的威胁，特别是近年来的破坏性开发对长城造成的损害有加剧的趋势。长城沿线部分地区群众缺乏文物保护意识，老百姓拆城砖盖房子的现象屡见不鲜；个别地方政府和有关部门的文物保护意识淡漠，在搞建设、利用长城开展旅游等工作中，忽视对长城文物本体的保护。

三、长城的特点决定了对其进行研究和保护需要由中央政府具体负责，统筹指导，协调进行

长城分布地域横跨10多个省、直辖市、自治区，工程之宏伟在世界上独一无二。要对长城进行有效保护，必须对其从整体上进行研究和部署，需要充分调集国内目前所拥有的人才资源和技术手段。从这个角度考虑，省级以下各级政府显然缺乏全面领导、协调相关工作的能力和一些必要条件，需要中央政府及相关部门统一组织、实施，只有这样才有可能把长城保护工作大大推进一步。相关各级政府及文物、规划、建设、国土、旅游等部门、科研单位应根据国家统一安排承担相应的工作。

四、关于加强当前长城保护管理工作的建议

建议国务院进一步加大对长城保护管理的力度，制定并实施“长城保护工程”。该工程由中央政府有关部门统一组织，长城沿线有关省区负责落实。所需经费由中央财政和地方财政列入各自的财政预算，共同承担。

（1）对长城进行全面调查、研究，摸清长城的基本情况：长城范围、内涵、年代、性质、价值等。

（2）制定《长城保护总体规划》，报经国务院审查批复后，组织实施。同时，尽快划定长城保护范围和建设控制地带，建立记录档案。

（3）制定长城专项保护法规。近期由国务院组织制定《长城保护条例》，待条件成熟后，建议由全国人大常委会公布实施《长城保护法》。

在中国长城学术研讨会上的讲话

（2004 年 6 月 18 日）

今天，中国长城学会在这里举办慕田峪中国长城学术研讨会。

中国的长城，年代久远，内涵丰富，是中华民族勤劳与智慧的代表作，是中华民族历史发展的见证物。长城作为世界文化遗产，正在引起世人日益广泛的关注，人们十分关心长城，也非常想了解长城。因此，深入地研究长城，精心地保护长城，热情地宣传长城，已成为全社会义不容辞的职责和使命。

长城是世界上最宏大的历史文物，对如此浩大工程的研究、保护和宣传，光靠政府的力量是远远不够的，必须最广泛、最充分地动员全社会的力量。在这方面，中国长城学会做了许多扎实有效的工作。自1987年6月成立以来，中国长城学会以研究长城、保护长城为己任，他们的工作得到了社会各界的肯定和赞许。

下面，我就长城的研究与保护问题讲几点意见，供大家参考。

一是关于长城历史和现状的研究。对长城历史的研究，包含对长城的修建史、人文史以及长城军事、政治、经济史的研究。长城是人类的历史遗迹，因此，对长城历史的研究是进行长城研究的基础。这种研究应当从客观存在的实际出发，而不是仅局限于文献的收集、整理与考证。对长城现状的研究，包括长城及附属建筑的现状、长城环境的现状以及长城保护的现状。我们提倡广大专家学者和文物工作者做一些亲身实践的实地考察和调查研究，这样得来的第一手资料，有理论深度，有实际内容，有具体分析，有明确建议。

二是关于长城保护的法律和政策的研究。法律和政策是长城保护的生命线，有了明确的法律，才能规范和引导保护长城的理念和行为。有了正确的政策，才能最广泛、最充分地调动广大民众投入到保护长城的事业中来。长城保护法律和政策的研究是管理长城、保护长城极为重要的保障。在这一方面，希望大家集思广益，多提出建设性的意见来。

三是关于长城保护经费筹集与投入的研究。长城保护对投入资金的需求量十分庞大，这些资金的来源无非是政府拨款和社会捐赠两大项。通过什么样的政策措施来调动全社会保护长城的积极性是需要研究的课题。关于资金的使用投向、数额、目的等论证也需要研究，如何将国家拨款和社会赞助结合起来，将国内集资和国际支持结合起来等，需要我们花大力气去研究，拿出研究成果，拿出政策建议来，这些都是十分重要的。

四是关于长城保护的建筑学研究。针对长城遭受自然破坏的不同程度，如何保护性修缮长城，是一个重要课题。这里面涉及长城保护的建筑材料、建筑结构研究和各段长城的建筑施工工艺研究。长城建筑与其他建筑不同，它以其独特的某些特征与其他建筑相区别，但是又具有所有建筑包含的一切特征。长城建筑的实用性、地区性以及长城建筑艺术风格的民族性和时代性，都是值得我们认真研究的课题。

五是关于长城信息开发管理与利用的研究。现代社会已进入信息时代，长城研究应当利用科技手段，将它的历史与现状、开发与管理建立在信息科学基础之上。如何将长城的国内、国际卫星图片资料，航空图片资料，全国各级文物部门的长城调查资料加以收集、整理、研究并加以科学的管理，是长城保护研究现代化极为重要的内容。

在中国长城学会邓小平“爱我中华、修我长城”题词20周年纪念会上的讲话

（2004年9月1日）

1984年9月1日，邓小平题词“爱我中华、修我长城”，抒发了世纪伟人对中华民族无限热爱的情感，表达出领袖对保护长城、保护历史文化遗产的高度重视、关心和支持。

甘肃长城嘉峪关第一墩（2011年8月31日）

长城是中华民族勤劳和智慧的结晶。它延绵万里，巍峨壮丽，堪称世界上伟大的奇迹。长城是中华民族精神的象征，体现着中华民族的辉煌文化和灿烂文明。它不仅是中国人民的宝贵财

富，也是全人类共同的文化遗产。

保护长城是我们的神圣任务。在邓小平“爱我中华、修我长城”光辉题词的指引下，各级政府遵循“保护为主、抢救第一、合理使用、加强管理”的文物工作方针，贯彻执行《中华人民共和国文物保护法》（以下简称《文物保护法》），动员全社会积极支持、参与长城保护行动。慕田峪长城、山海关长城、嘉峪关长城等文物保护单位经过抢险维修，再现了历史风貌，享誉国内外。

应该看到，长城的保护工作尽管取得了很大成绩，但是现实状况仍然不容乐观。国家文物局正在积极采取一系列措施，切实加强长城的保护和管理。

一是加大法制建设的力度。国家文物局在深入贯彻《文物保护法》的同时，也在积极组织制定《长城保护条例》，从而将这一世界上规模最大的文物建筑的保护和管理纳入法制化、科学化的轨道。

二是强化文物部门的管理职能。加强长城保护机构的建设，开展长城的普查建档，认真做好“四有”工作。同时通过努力建立专业化的执法队伍，制止损毁长城的行为。对于破坏长城的违法犯罪事件，发现一起，查处一起，决不姑息迁就。

三是动员沿线各级政府认真履行责任和义务。在长城沿线建立统筹兼顾的工作机制，制定统一的保护规划，加大对保护、维修长城的投入，相互协作，相互配合，使保护长城成为有机结合的整体行动。同时深入广泛宣传《文物保护法》，动员全社会特别是长城沿线群众自觉爱护长城，调动社会各方面力量积极参与保护长城。

四是正确处理好保护与利用的关系。长城的利用，必须以保护为前提。科学合理地开展长城旅游活动可以促进长城的保护工作，但是必须加强管理，坚决防止重开发轻保护的短期行为。要正确处理当前效益与长远利益、社会效益与经济效益的关系。

五是加强对长城保护的科学研究。有规划、有组织地对长城保护进行系统的、全面的研究，进一步挖掘长城所蕴藏的文化精神内涵。通过科学有效的保护措施，使长城在自然状况下能够更加长久、更加完整地保存下去，推进长城科学保护和研究工作的进步。

中国长城学会成立17年来，团结了一批长城保护工作的专家学者，联系了社会各界人士，积极开展保护长城的行动，并发挥优势开展长城保护科研、宣传工作，付出了辛勤的努力。我们希望学会继续加强自身建设，增强发展能力，扩大社会影响，团结广大热心于长城保护的民众，为各级政府保护长城工作当好参谋，提供智力支持，在长城保护事业中做出更大的贡献。我们衷心希望社会各界在各个方面都大力支持、参与保护长城的工作，有所作为，有所奉献。

最近，第28届世界遗产委员会会议在我国召开，世界文化遗产保护成为人们关注的热点，长城的保护工作也更加为世人瞩目。我们要树立和落实科学发展观，竭尽全力保护好长城，保护好文化遗产，使长城持久永续地保存下去，使祖国的文化遗产千秋万代地传承下去，使中华民族的精神得到弘扬光大。

在《敦煌莫高窟保护总体规划》专家论证会上的讲话

（2005年6月26日·甘肃敦煌）

今天能够到敦煌参加《敦煌莫高窟保护总体规划》专家论证会，并在会前有机会学习考察近几年敦煌研究院的部分研究工作成果，可以说是既高兴又十分感慨。在这里我们不但能亲身感受到美丽的大漠风光，更能领略到莫高窟博大精深、辉煌无比的珍贵文化；体验自然环境的恶劣的同时，更被在这片贫瘠沙漠中长期坚守、辛勤工作、默默奉献、甘做祖国灿烂文化忠诚守卫者的敦煌研究院的专家、学者和职工们的崇高精神所感动。

曾有一句话，叫“大梦敦煌”，敦煌莫高窟的历史、莫高窟的辉煌使这里成为人们的向往之地。敦煌是古代中原进入西域的门户。我们从古代丝绸之路的地图中就可以知道敦煌地位的重要性，丝绸之路在敦煌以东的路段有多条线路，在敦煌以西的路段也有多条线路，但是唯有敦煌这一位置，多条线路都汇集到了一点，这就是丝绸之路的必经之处。正是这一独特的地理位置，使敦煌在历史的舞台上扮演着极其重要的角色。莫高窟成为公元4世纪至14世纪中西文化交流、融合的重要见证，展现了中国以及西域多个民族在不同时期的历史风貌。莫高窟以其精美灿烂、丰富多彩的壁画，栩栩如生、精彩纷呈的彩塑等，反映了东西方众多民族极其丰富的历史文化内涵，为了解古代社会提供了丰富的素材和信息。由此，敦煌莫高窟被誉为“东方艺术宝库”，是国务院公布的第一批全国重点文物保护单位之一，也是我国第一批被列入《世界遗产名录》的世界文化遗产。

甘肃敦煌莫高窟（2012年8月24日）

敦煌研究院成立至今已有61个春秋。60多年来，从祖国各地前来的考古、宗教、美术、文物保护等各类专业人才，尤其是常书鸿先生等老一代敦煌人，在艰苦的条件下，可以说是白手起家，为敦煌文化遗产的保护付出了巨大的努力，取得了一系列令人瞩目的成就。

敦煌研究院的许多工作都走在了全国文物博物馆同行的前列。

一、在保护工作方面

先后完成了多项崖体加固工作，解除了岩体病害对石窟造成的威胁，并在风沙整治、壁画彩塑保护等方面取得了一系列科研成果。最近研发的洞窟壁画数字化存储和壁画色彩的计算机复原等项目，为计算机技术在文化遗产保护和洞窟研究等多方面应用奠定了基础。敦煌研究院的多项研究成果，例如起甲壁画修复技术、沙砾岩石裂隙灌浆研究、古代土质建筑遗址保护加固研究、莫高窟第85窟壁画保护研究等，获得了国家文物局科技进步和科技创新一、二等奖。

敦煌研究院积极与国际机构合作，引进国际先进的保护理念和保护技术，同时培养了一批自己的文物保护人才。摆在我们面前的这本《敦煌莫高窟保护总体规划》就是一项国际合作成果。敦煌研究院在与日本东京文化财研究所、美国盖蒂保护研究所、梅隆基金会和美国西北大学等机构进行的多项合作研究中，能够坚持“以我为主，对我有利，为我所用”的原则，实现了与外方的良好合作。

在做好自身工作的基础上，敦煌研究院还协助兄弟单位完成了相关的文物保护工程项目，例如新疆龟兹石窟壁画修复，吐鲁番交河故城保护加固，宁夏银川西夏陵三号陵保护加固，西藏布达拉宫、萨迦寺、罗布林卡壁画保护修复工程等。我在各地出差时，经常能够看到“敦煌人”的身影。敦煌研究院的工作成果，为各省市的文化遗产保护工作做出了突出的贡献，受到了广泛的好评。

二、在研究工作方面

经过几代学者半个多世纪的不懈努力，敦煌研究院在敦煌研究工作中取得了丰硕成果，成为国际敦煌学研究的重要基地。敦煌研究院组织编纂的“敦煌石窟全集”丛书、《莫高窟北区考古报告》《敦煌研究》等文献获得国内外学术界的广泛好评，多次获得相关奖励，成为国际上研究敦煌学的必备参考资料，《敦煌研究》成为我国社会科学界和国际敦煌学界的核心期刊。如果说10年、20年前国际上还有人说“敦煌在中国，而敦煌学在国外”，那么我认为现在这种声音越来越微弱，几乎已经听不到了。

三、在人才培养方面

敦煌研究院已逐步形成一支门类齐全、年轻化、专业化的人员队伍，为敦煌文物事业的长远发展奠定了良好的基础。

大家知道，文物保护规划的编制工作这几年来取得了长足的进展，2002年修订的《文物保护法》和2003年的《中华人民共和国文物保护法实施条例》（以下简称《文物保护法实施条例》）颁布实施后，国家文物局陆续发布了《文物保护工程管理办法》《全国重点文物保护单位保护规划编制审批管理办法》和《全国重点文物保护单位保护规划编制要求》以及《文物保护工程勘察设计资质管理办法（试行）》，初步形成了文物保护规划编制审批的法规体系。今年，也正式向各地文物部门推荐了由中国古迹遗址保护协会组织编制的《中国文物古迹保护准则》，它明确地提出了要将编制保护规划作为保护的重要程序和手段，并对保护规划的定义、内容、程序等做了框架性的界定。

国家文物局高度重视文物保护规划的编制工作，在资金比较紧张的情况下，拨专款用于资助各地重要大遗址、古墓葬群、古建筑群等全国重点文物保护单位保护规划的编制工作，并且经费逐年增加。例如我们今年就从专项经费中列支2 500万元用于资助重要保护规划的编制工作。

截至目前，北京故宫、河南殷墟、四川三星堆、宁夏西夏陵等一批重要的文物保护单位保护规划或者规划大纲已经得到批准，还有相当数量的文物保护单位保护规划正在编制过程中。从20世纪90年代初相对简单的保护计划，到今天比较科学、规范和开放式的规划模式，文物保护规划的思想、理念正在逐步走向成熟。

规划编制单位对文物保护单位保护规划的一些特点也有了越来越深刻的认识和理解，取得的共识也越来越多。有关文物保护规划的主体框架结构也已经基本确定，这些成果在国家文物局印发的《全国重点文物保护单位保护规划编制审批管理办法》和《全国重点文物保护单位保护规划编制要求》中得到了反映。

今天提交论证的《敦煌莫高窟保护总体规划》，刚才我已经提到，它本身就是一个国际合作研究的成果，这项规划由中国建筑设计研究院建筑历史研究所主编，敦煌研究院、美国盖蒂保护研究所、澳大利亚遗产委员会的多位专家、学者为其编制工作付出了辛勤的汗水。

我初步学习了一下这个规划的文本，感觉内容比较全面，尤其是基础工作扎实深入，一些基本数据统计得相当详细，例如遗产构成部分。这些都是与规划编制单位严谨的工作态度和敦煌研究院多年来扎实细致的工作基础分不开的。对现状的评估全面、准确，提出的保护措施也具有较强的针对性。当然，这只是我的一些初步意见，更权威的意见还要听在座专家的。希望各位专家能够见仁见智，提出真知灼见，进一步对保护规划文本的各个方面提出修改、完善的意见。我相信，经过多方努力编制完成的，经过在座专家们集思广益、补充、完善的，最终通过批复实施的《敦煌莫高窟保护总体规划》一定能够成为一个高质量的优秀规划，成为我们今后组织编制类似规划的范本。

这项规划经评审通过后，还要报请国家文物安全工作部际联席会议审定，并由甘肃省政府公布，再由敦煌研究院严格遵照执行，国家文物局将积极配合、协助，共同把敦煌的文化遗产保护工作做好。

在《敦煌莫高窟保护总体规划》论证会上的评审发言

（2005年6月27日·甘肃敦煌）

一、总体评价

规划目标明确、具有前瞻性；文本架构合理，内容全面、翔实；作为第一个国际合作的保护规划，在文化遗产保护规划理念和规划编制方法方面有不少创新性探讨，如遗产环境、价值管理等理念；按照“整体保护”要求，设计了遗产保护工作评估体系；校核了遗产基础数据，如壁画面积、崖窟总长度等；按照评估体系建立了规划对策体系；探讨了完善的遗产保护规划区划；探讨了文化遗产利用强度控制对策；探讨了遗产地优质服务的途径；文本分析研究深入到位、提出的保护要求和措施针对性较强，具有可操作性，基本满足规划编制要求，为今后编制保护区域内的控制性详细规划和修建性详细规划提供了基本依据，图纸较规范。原则同意该项规划成果。

二、具体意见

（1）加强非文物建筑建设管理，严格控制建设规模，强化世界文化遗产缓冲区管理。办公管理机构、遗产研究和保护机构、旅游购物设施、职工生活设施等均应远离重点保护区，不要将其安排在陈列中心南侧、石窟核心景区对面。安全防范设施、游客服务设施及基础设施等，除必须安排的小型设施外，也应尽量远离重点保护区。

（2）加强游客行为和管理研究。遗产资源合理容量和游客数量不断增加、超量的矛盾是主要矛盾。季节集中、时段集中、地点集中是主要原因。应重视容量控制以及管理机构、游客服务等方面的研究。不要过分强调方便游客而减少其步行距离，不要剥夺游客由远及近地欣赏文化遗产环境及本体的权利，要给游客在进入观赏区之前调整和端正心态的缓冲时间。应详细设计游客有序参观的路线，避免游客的对流，减少“散兵游勇”。

（3）加强游客中心的建设。通过游客中心应成为必须环节——接受遗产总体情况介绍、遗产保护知识教育、环境保护及环境卫生教育、安全教育、游客编组、游客购物等服务，同时起到缓冲高峰的作用（美国梅萨佛德国家公园游客中心的经验——专人导游讲解，游客20人一组，培养团队精神，控制组与组之间的合理间隔，如每隔5分钟出发一组）。游客中心的设置应与游客到陈列中心或停车场的路径相呼应。

三、建议

（1）开展深入的考古调查工作，最大限度地保护现存实物原状与历史信息。莫高窟崖前至大泉河西岸线之间的阶地为石窟寺历代佛教建筑群的分布地带，包括保护范围和建设控制地带内的佛爷庙戈壁滩古墓群，是“遗存可能分布密集区”，其文化价值有待进一步的考古发现和研究工作来加以揭示。

（2）开展敦煌可移动文物全面调查，调查文物流散分布情况和保存条件，建立敦煌可移动文物记录档案和数字博物馆。敦煌研究院收藏可移动文物共3 508件。散布于国内外其他收藏处的莫高窟藏经洞所出可移动文物约56 800件，其中国内28家、国外37家以上收藏机构有敦煌文物，应开展全面的调查和分析，为今后文物回归打好基础。

（3）加强遗产本体保护监测。要不间断地、全天候地检测——特别是对部分开放洞窟。定量地研究壁画等文化遗产遭破坏的速度，如人员流动使湿度、温度及气流产生的变化对洞窟内文化遗产造成的影响，喧哗对洞窟造成的震动危害等。

（4）对环境实行更加严格的控制。特别针对机动车尾气排放，借鉴印度阿旃陀石窟寺群、埃罗拉石窟寺群的管理经验，使停车场远离文化遗产地，采用专用清洁能源车辆满足特殊人群——残疾人、老年人等的需要。实施电线的迁埋。为减少流沙被带入景区和保护石窟内唐、宋时代地面，可设立用于清除鞋上所携带泥沙的卵石场地和采取进入重点洞窟前必须脱鞋的措施。

（5）完善《敦煌莫高窟保护总体规划》，划定具有前瞻性的保护范围和建设控制地带、世界文化遗产缓冲区。建设控制地带应划得大一些，虽然所控制地区现状为尚未开发地区，不需要较大规模的整治，但是要避免今后可能出现的开山取石、旅游开发等情况。在条件具备时，要将规划成果扩大到整个敦煌石窟，如西千佛洞、榆林窟等。

（6）待此项规划成果通过专家评审和由文物安全工作部际联席会议审查批复后，建议将其作为正式出版物向社会公开，这样有利于推广规划理念和普及保护内容，更有利于接受公众监督。

在贯彻实施《长城保护条例》座谈会上的讲话

（2006年11月3日·河北山海关）

《长城保护条例》已于今年10月11日公布，将于今年12月1日起施行。这是我国文化遗产法制建设中的一件大事，是长城保护工作中的一件大事。全国文物工作者，特别是长城保护工作者，一定要以负责任的态度，认真学习这部条例的内容，用条例的具体规定指导和规范长城保护工作。

河北紫荆关（2004年6月11日）

依法保护长城是长城保护工作的基本要求。《长城保护条例》的公布实施，仅仅是依法保护长城的第一步。我们法制工作的原则是有法可依、有法必依、执法必严、违法必究。我们强调依法保护长城，现在有了《文物保护法》《文物保护法实施条例》和《长城保护条例》，我们还必须严格执法，必须严肃追究违法者的法律责任。如果不能做到执法必严、违法必究，我们的长城就不可能得到很好的保护，我们的法律就没有尊严，我们的政府形象就会受到严重影响，我们文物部门就要承担相应的法律责任。

为了严格依法保护长城，我们今天召开贯彻实施《长城保护条例》座谈会。这个座谈会的主要任务之一，就是动员大家高度重视对《长城保护条例》的学习和研究，充分明确各自的职责，本着对事业负责、对本单位负责、对自己负责的态度，把条例规定的各项具体内容学懂学透。

作为文物工作的一部分，《文物保护法》《文物保护法实施条例》对长城保护工作已经有了基本的职责划分。在此基础上，《长城保护条例》对各部门各机构保护长城的责任进一步做了明确分工。以下为部分部门机构分工内容。

（1）国家文物局：认定并公布受条例保护的长城段落；负责长城整体保护工作；协调解决长城保护中的重大问题；监督检查地方的长城保护工作；会同有关部门制定《长城保护总体规划》，并经批准后组织实施；建立全国的长城档案；对将全国重点文物保护单位的长城段落违法辟为参观游览区的行为进行处罚。

（2）省级政府：应当对长城进行调查，报国家文物局认定，并公布为省级文物保护单位；要按照《长城保护条例》的要求，划定并公布长城的保护范围和建设控制地带；要在有关位置设立长城保护标志；要建立本地区的长城档案；要为长城段落确定保护机构。

（3）县级以上地方政府：应当将长城保护经费纳入本级财政预算；在当地的各类规划中要落实《长城保护条例》规定的保护措施；以长城为边界的相邻地方政府，应当定期召开会议，研究解决长城保护中的重大问题。

（4）省文物局：要将长城的保护范围和建设控制地带报国家文物局备案；要将本地区的长城档案报国家文物局备案；对将省级文物保护单位的长城段落违法辟为参观游览区的行为进行处罚；对长城保护机构责任人员不履行职责的行为进行处罚。

（5）县文物局：要依法负责本区域的长城保护工作；可以聘请保护员巡查看护长城，并对保护员给予适当补助；对长城参观游览区内设置的服务项目不符合长城总体保护规划要求的行为进行处罚；对在长城上驾驶交通工具等行为进行处罚。

（6）长城保护机构：要对长城进行日常维护和监测，建立日志；发现安全隐患，要采取控制措施并报告。

需要强调的是，作为各级地方政府职能部门的各级地方文物部门，应当积极主动地向政府负责人宣传《长城保护条例》的各项规定，积极主动地协助配合政府完成保护长城的职责。

长城不仅是重要的文化遗产，更是中华民族的象征。国务院及有关部门高度重视长城保护工作，长城保护经费大幅度增加，《长城保护条例》顺利出台。我们一定要严格依照《文物保护法》《文物保护法实施条例》和《长城保护条例》的规定做好长城保护工作。今后，《长城保护条例》的贯彻实施情况将是我们执法督察工作的重要内容。长城保护工作也将是我们的宣传工作特别是文化遗产日活动的重要内容。

在中国长城学会《长城保护条例》颁布实施一周年座谈会上的讲话

（2007 年 1 月 11 日）

非常高兴能够参加中国长城学会组织的这次会议。新年伊始，长城学会就把各位专家、同志们召集起来，共同研讨如何进一步宣传、贯彻、落实《长城保护条例》，充分显示出中国长城学会作为专业社会团体，对长城保护工作的关心和重视。

中国长城学会第一次会长办公会（2007年1月11日）

大家知道，2006年9月20日国务院第150次常务会议通过了《长城保护条例》，并于当年12月1日起正式颁布实施。《条例》针对目前我国长城的现状以及存在的主要问题，制定了操作性很强的保护管理措施，明确了长城所在地政府的责任，提出发动社会力量参与长城保护，对长城的利用行为加以规范等。

国家专门就某一文化遗产颁布专项法规，在我国历史上还是第一次。《长城保护条例》颁布之后，国家文物局组织进行了一系列工作，例如11月初，我们在山海关召开了贯彻实施《长城保护条例》座谈会；国家文物局领导接受了中国政府网站专访，就进一步做好长城保护工作与广大网民进行了在线访谈；同时还加快了国家文物局与国家测绘局合作开展长城资源调查工作。

下面，我就如何做好《长城保护条例》的宣传和落实工作讲几点意见。

一是做好《长城保护条例》的学习、宣传和落实工作。通过宣传，普及长城保护知识，提高人们的自觉保护意识十分重要。为此，应该结合《长城保护条例》的颁布实施，加大长城保护宣传力度，我们已经要求各省、自治区、直辖市就长城保护宣传工作做出专门计划，通过新闻媒体和群众喜闻乐见的其他形式，如表彰先进、发布公益广告、制作宣传片等，动员全社会关心、支持长城保护工作，并要求各地编制工作方案，及时报国家文物局。

二是做好长城资源调查工作。摸清家底和保存状况是我们做好长城保护工作的基础。2006年2月，国家文物局在山海关召开了长城保护工程启动工作会议，动员各地开展长城保护的工作；在河北省、甘肃省开展了长城调查试点工作；10月26日国家文物局与国家测绘局签署了《合作开展长城地理信息资源调查协议》，在总结试点省份经验、讨论工作方案的基础上，部署下一步工作，全面开展长城资源调查工作。我们准备通过两到三年的艰苦努力，摸清长城的长度、保存状况以及沿线的基本状况，为全面做好长城保护工作奠定扎实的基础。

三是做好《长城保护总体规划》的编制和实施工作。实践证明，制定保护规划是对文物保护单位实行有效保护、合理利用、科学管理的重要手段。国家文物局已委托中国建筑设计研究院建筑历史研究所编制《长城保护总体规划纲要》，该《纲要》将从保护长城本体及其环境的完整性、真实性出发，在对长城进行全面研究评估的基础上，就规划的原则、性质、目标，保护区划、保护措施、相关环境治理和生态保护以及展示开放、管理等方面做出具有实际指导意义的原则性规定。由于长城涉及地域广、情况复杂，所以，编制起来难度很大。目前，该项工作正在紧张进行中。我们已经要求各地结合《长城保护总体规划纲要》的相关内容，与本省、自治区、直辖市政府沟通、协调，根据总体规划纲要，组织完成本辖区内长城保护详细规划的编制工作。同时要求将已开放的长城段落作为近期规划重点。

四是落实长城的“四有”工作。划定长城保护范围和建设控制地带是落实规划和各项管理措施、依法保护长城的基本条件。长城保护范围和建设控制地带将在《长城保护总体规划》确定的原则基础上，针对不同地段的具体情况，以长城本体、相关遗存和周边环境不受破坏、损害为标准划定。对保护范围和建设控制地带内可以做什么、不可以做什么、做什么要符合什么标准和要求等进行具有针对性和操作性的规定。同时，要在游人集中区域、交通要道、省市县界等长城重要地段和其他必要位置设置保护标志，提示人们自觉保护长城。

五是做好长城的学术研究工作。为了使相关工作更加科学、有效，国家文物局将在深入研究、讨论的基础上，设立相关研究课题，如中国历代长城研究，长城保护技术研究，长城保护理论、政策研究——包括长城保护、管理、研究现状调查及对策研究，长城管理体制研究，长城保护与利用模式研究等。希望在座各位同人对涉及长城保护、研究、利用、管理等方面的课题进行深入思考和积极探讨，共同做好这些基础研究工作。关于研究所需的组织和经费保障工作，国家文物局将和有关部门做进一步探讨。

六是严格依据《文物保护法》和《长城保护条例》，做好长城维修工作。长城维修将是一项长期工作。应本着“保护为主、抢救第一”的原则，结合《长城总体保护规划》，优先安排抢修价值重大、濒危的长城段落。我们已经要求有关省文物行政部门尽快组织编制重点地段的保护维修方案和经费预算，履行报批手续后实施。目前，我们已经批复了北京、河北、内蒙古等地关于长城的一些抢险加固和修缮项目。在这一次进行的修缮保护中，我们要求各地按照“不改变文物原状”的原则进行修缮，即严格按照原有布局、原有形制、原有材料、原有工艺进行修缮。我认为应该主要做好现状修缮工作，在确保文物安全和游客安全的前提下，进行适当的补强和加固，而不一定要恢复到长城始建时的状况，坚决反对借保护名义大修特修现代长城。要保持长城的真实性和沧桑感，要将有限的财力、人力和物力用在刀刃上，为后人留下真实而完整的长城。

七是加大执法和督察力度，严肃查处破坏长城的案例。《长城保护条例》明确规定了禁止在长城上取土、取砖或种植作物，在未辟为参观游览区的长城段落上举办活动等行为。针对这些内容，除了加大宣传之外，我想查处、公布典型案例，也是做好《长城保护条例》宣传、做好长城保护工作的重要方面。近年来，国家文物局先后组织了两次文物专项执法督察活动，每次都是由各省文物部门负责人和国家文物局的局领导带队到各地进行检查，对于发现的问题，除了向社会公布外，我们还与有关省政府、有关部门联合要求对这些违法项目进行整改。这些措施为做到有法必依、执法必严、违法必究，起到了很好的作用。今后，我们将结合《长城保护条例》，对那些典型的、重大的破坏长城的案例进行专项执法督查，将有关处理情况及时向社会各界公布，通过这种有效方式，做好《长城保护条例》宣传工作。

长城保护的新起点①

（2007年2月7日）

气势雄伟、蜿蜒起伏的长城跨越千年，纵横万里，是我国古代最伟大的工程，也是世界上规模最大的文化遗产。长城是历史的见证者、记录者，更是参与者，其建造时间之长，分布地域之广，影响力之大，是其他文物不可比拟的，它记录了中国农耕文化和游牧文化的交流融合，饱尝了历史浪潮的冲击和雨雪风霜的侵蚀，从而成为中华民族勇敢、坚韧、智慧、精神的象征，成为中华民族的象征之一。对长城的关注和保护早已成为炎黄子孙的责任和义务。2006年，一个决定成为长城保护的新起点：2006年9月20日，《长城保护条例》经国务院第150次常务会议通过，并于12月1日起正式颁布实施。《长城保护条例》针对目前我国长城的现状以及存在的主要问题，制定了操作性很强的保护管理措施，是长城保护的一个里程碑、一个新的起点。

一、保护长城，时不我待

长城是一个由墙体、关堡、卫所、烽火台等多种防御工事组成的巨型国防军事体系。到目前为止发现的历代所修各类长城，涵盖辽宁、河北、天津、北京、山东、河南、山西、内蒙古、陕西、宁夏、

①此文发表于《红旗画刊》2007年第2期，第16页，2007年2月7日。

甘肃、新疆、黑龙江13个省、直辖市、自治区。长城分布区域东西狭长，各地所处的地理位置不同，自然地理环境差异颇大，起伏显著的地表结构和复杂多样的自然景观使得长城沿线的生态环境敏感而脆弱。部分地区的长城墙体有不同程度的剥蚀、松散的情况，甚至也有解体的情况，一些处于沙漠边缘的长城，已经被沙漠所淹没。

相对于自然损坏，人为的破坏则更让人心痛。在我国现存长城朝代跨度最大的山西省境内，战国至清代长城共有2 500多千米，大都破坏比较严重，而保存较好的是处在荒山野岭之中、人们难以攀登的古长城。总起来说，凡是山势陡峭、远离村庄的地段保存就好些；而地势平缓，在公路边、村边、耕地上的地段破坏就严重。工业、农业、交通等项目的建设施工，对长城的破坏屡见不鲜，许多村民直接将长城砖拿走用于建造房屋。更为可怕的是，打着“保护”的名义，有很强隐蔽性的人为破坏正愈演愈烈。一些地方将长城作为发展旅游业的生财之道，把不同朝代的长城都翻修成清一色的仿明、清长城，破坏了长城的原始风貌。还有更多的古长城由于没有被列入当地文物保护规划，在“没有资金”“难以保护”的借口之下被遗弃。

加强长城的管理和保护，已时不我待。1984年，邓小平同志发出“爱我中华、修我长城”的倡议后，全社会保护长城的意识空前提高。国家文物局及时部署了长城普查工作。一大批长城地段被公布为不同级别的文物保护单位。国家和各级地方政府投入大量人力、物力对长城进行了抢救维修；一些地方政府为辖区内的长城划定了保护范围，有的设立了专门的保护管理机构；北京市等地还颁布了长城保护的地方性法规。2003年4月，国家发展改革委、公安部、财政部、国土资源部、原建设部、文化部、环保总局、旅游局、文物局等九委部局联合发布了《关于进一步加强长城保护管理工作的通知》，就长城保护管理工作做出了进一步安排。从整体上看，长城保护的管理和科学研究工作正在逐步得以加强。

但是，由于长城是跨越多个行政区域的不可移动文物，长期以来长城保护管理队伍成分复杂，有各级政府文物部门、政府派出机构、乡镇村行政机构、旅游公司甚至个人等等。这些单位管理长城的出发点和目的不同，其管理方式、效果也大相径庭。管理体制混乱是长城屡遭破坏的一个突出原因。目前，长城的保护管理体制还远未完善。鉴于长城资源的特殊性，其保护管理体制也应针对其特殊性而在充分调查研究的基础上，依法予以理顺。

二、加强管理，规范行为

2006年12月1日，《长城保护条例》正式施行。该条例的出台，使长城保护管理工作的各个方面都有了明确的依据，也进一步丰富了新时期推动文化遗产事业发展的立法实践。《长城保护条例》在《文物保护法》和《文物保护法实施条例》等国家法律法规的框架内，针对长城的特点和长城保护中存在的突出问题，制定了针对性和可操作性都很强的一系列规定。这些规定和措施，对各级政府和管理部门来说具有非常现实的指导意义。《长城保护条例》在总体思路上把握了以下几点：①依照《文物保护法》的规定，针对长城的特点和长城保护中存在的突出问题，补充完善有关制度、措施，使之更具针对性和可操作性；②对长城实行整体保护、分段管理，明确长城所在地政府的责任；③提高社会力量参与长城保护的积极性，明确长城利用单位的责任，设立长城保护员制度；④对长城的利用行为加以规范，明确将长城段落辟为参观游览区时应当坚持的原则和具备的条件。

与以往针对长城保护的各种管理办法不同，这次《长城保护条例》的颁布，主要有三个功能：一是导向，把人们对长城的认识和行为引导到加强管理和保护的层面；二是明确，明确了哪些行为是对长城的破坏，哪些行为是违法的，而不是像以前那样停留在道德批评上；三是引导，除了禁止的行为，还对开放和利用长城的相关行为设置了规则。

具体来说，《长城保护条例》重点关注了以下几个方面。

（一）整体保护

由于历史原因，长城的许多段落目前尚未被公布为文物保护单位，以至于法律规定的保护制度不能有效地适用于长城保护工作。为此《条例》明确规定，省级政府要将辖区内的长城依法公布为省级文物保护单位，以确保《文物保护法》规定的各项制度在长城保护工作中得到有效实施。当然，我们期望通过艰苦的工作，长城各段落能够全部公布为全国重点文物保护单位，从而使得长城能够得到整体保护。同时，贯彻整体保护理念的一项重要措施，就是做好长城的总体规划。国家将用两到三年时间，通过实地考察和科学研究，制定出一项长城保护的总体规划，从而为长城保护工作提供有力支撑。

（二）合理利用

为了规范对长城的旅游开发，防止不当的旅游开发行为对长城历史风貌的破坏，《长城保护条例》规定，将长城辟为参观游览区，应当坚持科学规划、原状保护的原则，并应当具备下列条件：①安全状况适宜公众参观游览；②已采取“四有”措施；③符合长城保护总体规划的要求。同时，《长城保护条例》还规定了相应的备案程序，并明确由省级以上政府文物主管部门核定参观游览区的旅游容量指标。这样规定，可以避免长城旅游开发对长城本体安全和历史风貌的不利影响。

（三）7个禁止

主要指“取土、取砖（石）或者种植作物；刻划、涂污；架设、安装与长城保护无关的设施、设备；驾驶交通工具，或者利用交通工具等跨越长城；展示可能损坏长城的器具；有组织地在未辟为参观游览区的长城段落举行活动；文物保护法禁止的其他活动”等严重危害长城保护的活动，《长城保护条例》将其纳入法规调整的范围，体现了对长城保护管理认识水平的提高。

（四）社会参与

长城绵延万里，仅靠现有的文物管理机构难以满足长城保护的实际需要，必须调动社会力量。为此，《长城保护条例》主要规定了以下4个方面的制度、措施。①国家鼓励公民、法人和其他组织通过捐赠等方式设立长城基金，专门用于长城保护。②被确定为保护机构的利用单位，应当对其所负责保护的长城段落进行日常维护和监测，并建立日志；发现安全隐患，应当立即采取控制措施，并及时向县级政府文物主管部门报告。③根据部分省市利用护林员、土地承包户保护长城的实际做法，《长城保护条例》规定：地处偏远、没有利用单位的长城段落，所在地县级政府或者其文物主管部门可以聘请长城保护员对长城进行巡查、看护，并对长城保护员给予适当补助。④任何单位或者个人发现长城遭受损坏的，可以向保护机构或者所在地县级政府文物主管部门报告。

三、摸清家底，加强规划

《长城保护条例》生效一段时间以来，在社会上掀起了关注长城保护的热潮，广大社会公众更为深入地了解了长城保护的状况，全面提升了文化遗产保护意识。近一段时间，不少群众纷纷通过来电、来函、互联网留言等形式，就如何进一步做好长城保护工作献计献策，体现出了参与长城保护的高度热情。作为国家文物行政管理部门，我们要以高度的责任感和紧迫感，严格做好《长城保护条例》的贯彻落实工作，切实做好长城保护工作，不辜负广大社会公众的期望。下一步着手的工作主要有以下几点。

（一）做好长城资源调查工作

只有摸清了长城家底和保存状况，在制定保护管理措施上才能有的放矢，对破坏严重地段才能找到根源，对症下药，才能使长城保护的法规法令落到实处，这是做好长城保护工作的基础。国家文物局已经安排河北省、甘肃省开展长城调查试点工作。2006年2月24日，国家文物局在山海关召开了长城保护工程启动工作会议，动员各地开展长城保护的启动工作。10月26日，国家文物局与国家测绘局签署了《合作开展长城地理信息资源调查协议》，在总结试点省份经验、讨论工作方案的基础上，将全面开展长城资源调查工作。国家文物局已经原则批复了各省、自治区、直辖市文物行政部门编制的《长城资源调查工作方案》，力争通过两到三年的艰苦努力，摸清长城的长度、保存状况以及沿线的基本状况，为全面做好长城保护工作奠定扎实的基础。

（二）做好长城的基础研究工作

为了使相关工作更加科学、有效，国家文物局将在深入研究、讨论的基础上，设立相关研究课题，如中国历代长城研究，长城保护技术研究，长城保护理论、政策研究——包括长城保护、管理、研究现状调查及对策研究，长城管理体制研究，长城保护与利用模式研究等。

（三）做好长城保护总体规划的编制和实施工作

实践证明，制定保护规划是对文物保护单位实行有效保护、合理利用、科学管理的重要手段。根据工作计划，国家文物局已委托中国建筑设计研究院建筑历史研究所编制了《长城保护总体规划纲要》，该《纲要》从保护长城本体及其环境的完整性、真实性出发，在对长城进行全面研究评估的基础上，就规划的原则、性质、目标，保护区划、保护措施、相关环境治理和生态保护以及展示开放、管理等方面做出了具有实际指导意义的原则性规定。

划定长城保护范围和建设控制地带是落实规划和各项管理措施，依法保护长城的基本条件。长城保护范围和建设控制地带将在《长城保护总体规划》确定的原则基础上，针对不同地段的具体情况，以长城本体、相关遗存和周边环境不受破坏、损害为标准划定。同时，要在游人集中区域、交通要道、省市县界等长城重要地段和其他必要位置设置保护标志，提示人们自觉保护长城。

（四）深入开展长城保护宣传教育工作

结合《长城保护条例》的颁布实施，加大长城保护宣传力度，通过宣传、普及长城保护知识，提高人们的自觉保护意识。在十几年来的长城保护宣传活动中，以1984年《北京日报》《北京晚报》等联合举办的“爱我中华、修我长城”活动影响最大。这一活动极大地激发了广大群众的爱国热情和民族自豪感，得到了海内外各界人士的大力支持。邓小平同志为这项具有重大历史意义的爱国活动亲笔题写了“爱我中华、修我长城”八个大字，把这一活动推向了高潮。活动筹集的资金所修复的八达岭、金山岭、山海关、黄崖关、九门口等处长城，英姿重现，在维修工程中还发现了许多珍贵的长城文物，取得了可喜的成果。国家文物局已动员各省、自治区、直辖市就长城保护宣传工作做出专门计划，通过新闻媒体和群众喜闻乐见的其他形式，如表彰先进、发布公益广告、制作宣传片等，动员全社会关心、支持长城保护工作。

（五）科学制定长城保护修缮计划，完成重点地段维修方案编制和重点部位抢险工程

长城维修将是一项长期工作。要本着“保护为主、抢救第一”的原则，结合长城总体保护规划，优先安排抢修价值重大、濒危的长城段落。维修保护中要按照“不改变文物原状”的原则进行修缮，即严格按照原有布局、原有形制、原有材料、原有工艺进行修缮。我认为应该主要做好现状修缮工作，在确保文物安全和游客安全的前提下，进行适当的补强和加固，而不一定要恢复到长城始建时的状况，坚决反对借保护名义大修特修现代长城。要保持长城的真实性和沧桑感，将有限的财力、人力和物力用在刀刃上，为后人留下真实而完整的长城。修缮中新增加的材料，应该与原有材料在总体协调的基础上保持适当区别，即“可识别性”；同时还需要注意修缮材料和工艺的“可逆性”，即现有的修缮材料和措施不影响今后工程的实施。

《长城保护条例》出台后，其积极作用受到了广大关注文化遗产保护人士的充分肯定，但是大家也达成了一个共识，就是《长城保护条例》的出台，对于长城保护工作仅是一个新的开端。《长城保护条例》的各项具体规定需要我们在全社会的关注、支持和监督下，通过大量扎实、严谨、细致的努力落到实处。长城保护任重道远！希望通过我们的共同努力，宣传好、贯彻好、落实好《长城保护条例》，把伟大祖先留给我们的珍贵文化遗产保护得更好。

在“丝绸之路”联合申报世界文化遗产培训班上的讲话

（2007年10月27日·陕西西安）

由联合国教科文组织世界遗产中心、国际古迹遗址理事会、中国国家文物局主办，国际古迹遗址理事会国际保护中心承办的“丝绸之路”联合申报世界文化遗产专业培训，在国内外同行的共同努力下，在“丝绸之路”沿线各相关遗产管理工作者的支持下，今天正式开班了。

新疆克孜尔尕哈石窟（2004年11月17日）

20世纪90年代以来，文化线路作为新型文化遗产类型受到国际同行越来越多的关注，已陆续有一些文化线路被列入《世界遗产名录》。2005年10月，在西安召开的国际古迹遗址理事会第15届大会，通过了关于文化线路的宪章草案。联合国教科文组织世界遗产中心于1988年启动了“丝绸之路：对话之路的整体研究”项目，近20年来，该项目通过专业考察、举办国际研讨等，使丝绸之路的价值研究不断深化，整体申报世界文化遗产也为越来越多的人所关注。进入21世纪，世界遗产中心加快了“丝绸之路”联合申报世界文化遗产的进程。2006年8月的吐鲁番会议是中国与中亚国家第一次就“丝绸之路”申报世界文化遗产进行的协商，此后又在乌兹别克斯坦的撒马尔罕、塔吉克斯坦的杜尚别召开了第二轮和第三轮中国与中亚国家的国际协商会议，在国际古迹遗址理事会专家的帮助下形成了“丝绸之路”联合申报世界文化遗产的概念文件。至此，“丝绸之路”申报世界文化遗产进入了极为关键的实质推进阶段。

鉴于“丝绸之路”为线路漫长、历史悠久的跨国界、跨地域的大型文化遗产，联合申报缺乏必要的经验和技巧，世界遗产中心、国际古迹遗址理事会和国家文物局商议借国际古迹遗址理事会国际保护中心的平台，在“丝绸之路”的起点——西安同时举办两个重要活动。一个是今天开始的“丝绸之路”联合申报世界文化遗产培训班，目的是就“丝绸之路”联合申报的文本准备、遗产价值评估、编制保护规划等方面内容，开展学习、讨论和交流，促进中国、中亚国家“丝绸之路”沿线相关遗产的整体申报工作；另一个是10月30日至31日的“丝绸之路”联合申报世界文化遗产国际学术研讨会，目的是开展“丝绸之路”跨国联合申报世界文化遗产的理念、技术等方面的探讨，为“丝绸之路”的申报提供科学参考。

国际古迹遗址理事会、世界遗产中心对此非常重视。佩塞特主席及国际古迹遗址理事会的几位重要领导人亲临西安参加活动。昨天，我收到世界遗产中心主任班德林先生发来的书面致辞，他在来函中回顾了“丝绸之路”联合申报世界文化遗产几年来走过的历程，表达了对国际研讨会的衷心祝福。此外，中亚国家负责“丝绸之路”申报世界文化遗产的专家学者也陆续赶来参与相关活动。

这次培训其实更是一次内容丰富、形式多样的研讨，有国内研究“丝绸之路”的专家，研究世界文化遗产申报、保护、管理方面的专家前来授课，有专程从中亚赶来的同行介绍相关情况，有遗产地管理机构之间的沟通交流，有国际文化遗产领域顶尖专家的精彩演讲，也有学员与专家的直接对话；有集中授课，有分组讨论，有课堂答疑，有专题发言，有现场考察。相信经过这样的专业培训，每一位参与者均能有所收获，有所启发，能对下一阶段的“丝绸之路”申报世界文化遗产工作起到切实的推进作用。

最后，我谨代表“丝绸之路”联合申报世界文化遗产的沿线国家之一，向长期致力于推动“丝绸之路”研究、保护与申报世界文化遗产的世界遗产中心，以及给予此项活动很多帮助的国际古迹遗址理事会表示衷心感谢，希望两家国际组织今后一如既往地支持、帮助“丝绸之路”联合申报世界文化遗产活动，在中国、中亚各国以及国际同行的共同努力下，争取早日将“丝绸之路”成功列入《世界遗产名录》。同时，也希望参与培训的学员们珍惜难得的机会，不断提高遗产研究、保护和申报能力。

关于重视茶马古道文化遗产保护工作的提案[①]

（2008年3月）

我国古代对外交流有两条主要陆路通道，一条是北方的丝绸之路，一条便是西南的茶马古道。茶马古道，是指古代西南地区商业贸易的民间通道，是古代中国与南亚、东南亚地区之间的一条重要国际贸易线路，是一条连接多民族地区政治、经济的重要纽带，也是一条传播、融合沿途地区20多个少数民族丰富多元的文化、艺术、宗教和风俗民情的人文精神走廊。“茶马古道”作为一个较为特殊的人文地理和历史文化称谓，得名于云南盛产的以普洱茶为代表的大叶种茶叶为主的贸易产品，以及穿梭往来于险峻山川之间，以骡马作为交通运输工具的马帮贸易商队。随着茶文化和藏传佛教的传播与茶马互市的开展，从唐代到19世纪中叶，在滇藏、川藏公路修通之前的漫长历史岁月里，这些商队踏出了一条绵延于我国西南边陲和南亚、东南亚区域的崎岖的文化线路。

茶马古道，从云南和四川茶叶产地出发，穿越横断山脉以及金沙江、澜沧江、怒江、雅砻江向西延伸，覆盖云贵和青藏高原，通往喜马拉雅山南部南亚次大陆。其中有两条主干线路：一

①此文为在全国政协十一届一次会议上的提案，联名提案人：刘庆柱 张柏 高延青 王川平 安家瑶 詹祥生 苏士澍 余辉 张和平 张学津 耿其昌 赵维绥 张平 郑欣淼 王瑞珠 周岚 崔建华 张俊芳 张桃林 胡珍 韦建桦 李羚 王霞 杨一奔 薛康 林国文 刘志强 韩方明 周和平 王明明 何家英 龙瑞 杜玉波 陈国星 边发吉 李晓林 龙国键 陈凌孚 吕章申 张廷皓。

条是从四川入藏，再到尼泊尔、印度的“川藏茶马古道”；另一条是从云南普洱茶原产地普洱市、西双版纳等地出发，经大理、丽江、中甸、德钦，到西藏邦达、察隅或昌都、洛隆、工布江达、拉萨，然后再经江孜、亚东，到达尼泊尔、印度和缅甸，称为“滇藏茶马古道”。茶马古道沿途密布着大大小小的支线，将滇、藏、川“大三角”地区紧密地联结在一起，形成了世界上山川地势最为险峻、自然风光最为壮观、生物资源最为多样和文化形态最为丰富的文明古道。

云南西双版纳勐腊县易武古镇（2009年4月23日）

西藏澜沧江（2009年8月26日）

古老的茶马古道是中华民族勤劳、勇敢、智慧的结晶，是世界文化史上的不朽丰碑。她千载不息，孕育了多姿的地域文化，丰富了不朽的中华文明。茶马古道能够表现我国西南地区一段时期内商品的互惠交换，以及人们思想的相互交流。随着茶马古道上所发生的宗教、知识和价值观念的传播，在时间和空间上出现了文化的繁荣，意义十分重大。茶马古道不是简单地作为一系列孤立的文化遗产地点的总和，而是线型文化遗产资源的集合，保护好茶马古道不仅具有社会效益和经济效益，更有其无法替代的文化价值和科学价值。因此，应以更加宽广、更加深远的视野来加强茶马古道的保护。

云南普洱腊梅坡茶马古道（2010年6月1日）

在当前城市化加速进程中，茶马古道的保护面临着日益沉重的压力和不容错过的机遇，已经成为文化遗产保护的一项重大课题。目前，茶马古道保护的基础工作相对薄弱，文化遗产家底不清，缺乏有效的法律依据和支持，保护管理工作缺少统筹协调，急需编制总体保护规划，同时，相关研究不够，对文化遗产内涵认识不足，对保护对象和范围的认知存在较大差异。随着时光的流逝，社会生产方式和生活方式的变迁，特别是现代交通设施的兴起，曾经辉煌的茶马古道逐渐失去了往昔的地位与功能。同时，随着区域内一系列梯级水电站的开发和建设，与茶马古道相关的文化遗产受到较大的冲击，不少古道、桥梁都处于水库淹没区内，这对茶马古道文化遗产的各种元素、环境风貌、生态系统都是又一次较大的人工干扰，如果不能科学研究、妥善处理，茶马古道的整体性、完整性将被割裂、被湮没。

云南普洱宁洱茶源广场（2010年6月1日）

鉴于此，我提出以下几点建议。

（1）加大对茶马古道沿线文化遗产的调查，结合正在进行的第三次全国文物普查，全面考察茶马古道遗迹及周边地区的文化生态，摸清文化遗产家底，建立有关茶马古道的文本、图件和影像等方面的资料数据库，为茶马古道的整体保护和研究工作打好基础。

（2）编制茶马古道线型文化遗产总体保护规划，制定保护茶马古道历史文化资源的专项法律法规，建议云南省、四川省和西藏自治区政府联合成立茶马古道保护协调机构，加强对茶马古道的统一管理，避免对文化遗产资源的破坏，为茶马古道今后申报世界文化遗产打好基础。

云南大理茶马古道（2010年6月1日）

（3）茶马古道综合保护工程，首先是一项文化遗存的抢救工程。应正确处理基本建设与文化遗产保护之间的关系，依照《文物保护法》的相关规定，切实加强工程建设管理。在对工程建设范围内的文化遗址进行详细勘探、发掘的基础上，提出保护措施，设立专项资金，加大对茶马古道文化遗产保护和修缮的工作力度。

（4）深入开展茶马古道文化遗产保护所涉及的各个相关领域的专题研究，通过多学科领域的交叉研究推动保护工作。同时，加强培养和引进研究人才，加强学术交流。进一步加大茶马古道文化遗产保护宣传力度，使沿线各级政府和广大民众充分认识保护茶马古道的重要意义，支持并积极参与相关保护工作。

在山海关长城保护工程会议上的讲话

（2008年3月20日）

长城是中国古代保留至今最伟大的文化遗产，长城的保护牵动着亿万国人的心，山海关是世界文化遗产长城的重要组成部分，是第一批全国重点文物保护单位之一，具有极高的文物价值。山海关也是国家历史文化名城，保存有丰富的文物遗存和深厚的文化积淀。山海关6 000米古城墙保护工程是国家投入两亿元专项资金实施的重点工程，对全国范围内长城保护工程的实施具有示范作用。

河北省政府对山海关古城保护非常重视，多次进行专题研究来解决有关问题。各级政府、各有关部门做了大量富有成效的工作。开工以来，经过有关单位、专家、工程技术人员和工人同志们的共同努力，工程质量和进度都达到了预期的目标，为今年6月底前完成预定项目奠定了坚实基础。

山海关古城墙保护工程是一次文物保护的会战，通过公开招投标，北京、山西、山东、福建等省市的10余家具有资质的专业单位，承担了山海关古城墙保护工程的施工、质量监督和监理工作。各部门要以高度的责任感、使命感，高标准、高质量地完成这一工程。各单位要精诚合作，互相支持，互相交流，取长补短，发挥优势，真正把这段城墙的保护工程做成精品工程。

山海关古城墙保护工程是实施长城保护工程的首批项目，工程的管理模式、组织形式、运作方式将为我们今后实施长城保护工程提供可以借鉴的宝贵经验。我们不仅期待山海关长城保护工作能够顺利完成，也希望在这里取得更多的经验来推动全国的长城保护工作。

山海关古城墙保护工程是对文化遗产保护理念的具体实践，要坚持“保护为主、抢救第一、合理利用、加强管理”的文物工作方针，最大限度地保护文化遗产的真实性和完整性；通过现代科学技术与传统工艺相结合等手段，根除山海关古城墙的隐患，保证其稳定、安全；正确处理有效保护与合理利用的关系，使文化遗产保护成为促进经济社会发展的积极力量，使广大民众共享文化遗产保护的成果。

2008年，我们将迎来全世界瞩目的北京奥运会，将会有更多的国内外游客到山海关参观，维修后的山海关古城要向世人展示良好形象。根据要求，6月底前要完成预定的保护项目，我们需要更加努力地工作。各级各部门要坚定信心，认真总结前期工作经验，保质量、保工期、保安全，有序完成项目的收尾工作，迎接奥运会的到来。

在山海关长城保护工程竣工仪式上的讲话

（2008年7月12日·河北山海关）

山海关长城保护工程是国家长城保护工程的首批项目，是一次文物保护的大会战。北京、山西、山东、福建、辽宁等省市的10余支专业队伍参与了山海关长城保护工程的设计、施工、质量监督和监理工作。特别需要指出的是，经河北省政府批准，河北省文物局建立了强有力的工程组织实施机构——山海关古城墙保护工程办公室，全面负责施工现场的技术服务、施工管理、后勤保障等各项工作。工程办公室通过一系列卓有成效的工作，确保了山海关长城保护工程得以高质量、按时完成。

河北秦皇岛市山海关城墙（2008年1月9日）

在工程实施过程中，大家互相支持、密切配合，锻炼了队伍，交流了经验，提高了水平。可以说，此次山海关长城保护工程坚持“保护为主、抢救第一、合理利用、加强管理”的文物工作方针，最大限度地保护了文化遗产的真实性和完整性；同时通过现代科学技术与传统工艺相结合等手段，排除了威胁山海关古城墙安全的隐患。

这项工程的成功实施，既是对文化遗产保护理念的具体实践，是长城保护历史上浓墨重彩的一笔，也为我们今后开展其他长城保护工程提供了宝贵的经验。在下一步的工作中，希望有关方面能够认真总结本次保护工程的有益经验和做法，国家文物局将把这些经验在全国类似的重大项目中加以推广。同时，我希望河北省、市、区政府及文物部门认真研究，并适时开展山海关其他地段长城的保护工作，以最终完整体现山海关长城原有的恢宏气势。

今天距全世界瞩目的北京奥运会开幕还有27天，届时将会有众多的国内外游客到山海关参观。维修后的山海关古城要向世人展示良好形象，因此要正确处理有效保护与合理利用的关系，使文化遗产保护成为促进经济社会发展的积极力量，使广大民众真正享受到文化遗产保护的成果。

新时期文化遗产保护理念的扩展与实践①

（2008年9月）

为了加强文化遗产保护，全面提升文化遗产保护水平，2005年12月国家发布《国务院关于加强文化遗产保护的通知》，此后文化遗产保护理念进一步扩展，可从相关的实践工作中窥见一斑。

江苏中国文化遗产保护无锡论坛——文化线路遗产的科学保护（2009年4月9日）

（一）长城保护工程

长城是人类历史上修筑时间最长，工程最大，对社会影响

①此文发表于《城市与区域规划研究》第1卷第3期，第24页，2008年9月。

最深刻、最广泛，留存文化信息最丰富的古代建筑工程。长城保护状况的好坏，反映出我国文化遗产保护、研究和管理水平的高低。但是，目前长城保护在上述三个方面均存在严重问题。在保护方面，长期以来对长城的人为破坏主要来自于取材性破坏、建设性破坏和旅游开发性破坏。目前，后两种破坏因素所造成的后果更为严重。建设性破坏表现为，城市建设以及工业、农业、交通等建设项目施工过程对长城本体及其环境造成的破坏，地方性道路以及电力、通信、天然气管道等设施建设对长城的破坏尤为严重。旅游开发性破坏表现为，长城沿线在未经审批、缺乏管理的情况下，对长城资源进行无序开发，在长城保护范围内修建旅游服务设施，导致人工化、商业化、城市化的现象十分严重，破坏了长城及其环境的原真性和完整性。在研究方面，长期以来关于长城的一些基本概念仍然存在较大分歧，例如对长城性质的不同定义，引发了对保护范围和长度界定的明显差异，造成了立法和管理方面的困难。在长城长度计算方面，由于历史上多个朝代在同一地段上修筑长城，相互叠压、相互利用的现象十分常见，因此计算方法须形成统一标准。家底不清已经成为长城保护管理工作深入开展的瓶颈。在管理方面，长城的有些区段为全国重点文物保护单位，有些为省级文物保护单位，有些为县（市）级文物保护单位，还有更多的区段尚未列入任何级别的文物保护单位，因此在很大程度上造成保护管理状况的混乱。

近年来，将长城作为一项完整的文化遗产保护项目，纳入统一保护管理体制，成为文化遗产保护工作的重要目标。在这一指导思想下，国家文物部门组织编制了《“长城保护工程”（2005—2014年）总体工作方案》，对长城资源调查、长城保护立法、长城保护规划编制和长城保护抢险修缮等方面做出了系统的安排。为保护长城这一巨型、线型文化遗产而编制的总体工作方案，无疑是跨地域、跨部门、跨学科的重大研究成果，具有开拓性的实践意义。这一方案得到国务院批准后，长城保护进入了新的阶段。2006年12月，国务院公布的《长城保护条例》正式实施，这是国务院首次针对特定的文化遗产保护项目颁布的专项法规。该条例针对目前我国长城的现状以及存在的主要问题，制定了操作性很强的保护管理措施，明确了长城所在地政府的责任，提出发动社会力量参与长城保护的措施，并对长城的利用行为加以规范。

目前，《“长城保护工程”（2005—2014年）总体工作方案》已经进入全面实施阶段。一是全面开展长城资源调查工作，即通过努力摸清长城的长度、保存范围以及沿线的基本状况，确保2008年底前完成明代长城、2010年底前完成所有长城资源调查和基本数据的发布，为全面做好长城保护工作奠定扎实的基础。二是制定长城保护专项法规，即在《长城保护条例》的法规框架下，逐步建立起完善的长城保护法规体系，特别是积极推动长城沿线各省、各城市结合当地长城保护工作实际，及时制定地方性法规和专项法规，划定长城保护范围和建设控制地带。三是编制《长城保护总体规划纲要》，即从保护长城本体及其环境的真实性、完整性出发，在对长城进行全面研究评估的基础上，就规划的原则、性质、目标，保护区划、保护措施、相关环境治理和生态保护以及展示开放、管理等方面，做出具有实际指导意义的原则性规定。四是加强重点地段的长城抢险维修，即本着文物保护方针和严格按照“不改变文物原状”的原则进行修缮，在保持原有布局、原有形制、原有材料、原有工艺的前提下，优先安排抢修价值重大、濒危的长城段落。以上这些步骤将在一定程度上扭转长城保护、研究和管理分散的状况，实现对长城的有效保护和有序管理。五是加强长城保护科学研究，对长城保护理论和保护技术、长城管理体制和管理方式等相关问题进行深入研究。

（二）“大遗址”保护国家项目库

“大遗址”是我国文物工作者根据文化遗产的特征以及保护和管理工作的实际需要提出的重要概念，专指文化遗产中规模大、价值高的文化遗址。我国的大遗址具有年代悠久、分布广泛、数量众多、类型复杂等特点，集中代表了我国传统文化的丰富内涵和发展的历史轨迹，具有不可替代的整体价值和地位，是我国几千年文明史的重要载体，也是我国文化遗产资源的精髓部分。

大遗址保护一直是我国文化遗产保护工作中的重点和难点，在一些历史性城市问题则更为突出。面对城市规模持续扩大、大型基础设施建设、当地居民生产生活变化、盗掘文物案件频发以及环境污染、地质灾害、风雨剥蚀、生物侵害等方面的冲击和影响，许多大遗址在各种人为和自然因素的蚕食、破坏下，逐步残缺甚或灭失。大遗址的保护与城市开发建设、区域经济发展的矛盾日趋严重，多数大遗址已遭到了不同程度的侵占和破坏，形势紧迫。一些原来位于城乡接合部的大遗址已基本被现代城市占压，而且建设规模持续膨胀；而一些位于农村地区的大遗址，已处于村庄的包围之中，新的房屋建设正在不断向核心区蔓延。同时，大遗址的保护长期未能造福当地民众，大遗址内部环境持续恶化。由于受保护的限制，又缺乏相应的政策补偿，居民的生产生活未能与大遗址保护协调发展，经济收入和生活水平与大遗址区外居民之间的差距越来越大，因而居民对大遗址保护普遍缺乏认同和理解，甚至发生破坏遗迹的行为。

针对上述情况，近年来加大了对大遗址保护的研究力度，通过实施高句丽遗址、殷墟遗址、大明宫遗址等保护项目并取得积极成效，初步积累起大遗址保护的成功经验。其中高句丽王城、王陵和贵族墓葬以及安阳殷墟先后被列入《世界遗产名录》，为大规模抢救保护大遗址提供了成功范例。目前全面启动大遗址保护已经具备了一些有利条件。因此，从2005年起，国家开始加大投入力度，设立大遗址保护专项资金，并特别设立了大遗址保护国家项目库，首批有100处大遗址名列其中。国家项目库和大遗址保护专项资金，将优先考虑那些价值重大、遗址本体保护需求急迫、有较好考古勘查研究工作基础、已编制规划或规划纲要、宣传展示可行性强、地方政府重视并有一定经费配套的项目。

编制具有较强针对性的大遗址保护专项规划，并将其纳入城乡建设和经济社会发展规划，可以从全局的角度协调大遗址保护目标与城乡发展目标，制定详细的保护措施，统筹安排，最终实现大遗址本体和环境的整体保护。同时，在规划的指导下，尽可能对不合理占压遗址的建筑实施一次性拆迁，对大遗址内的居民、单位实施一次性搬迁，并在保护区外妥善安置，遏制大遗址保护范围内的城市化进程。大遗址能否得到有效的保护，最重要的是能否得到民众，特别是大遗产所在区域民众的认同。因此，在保护规划实施过程中要研究制定优惠政策，妥善处理当地民众脱贫致富、发展生产、改善生活等问题。在有条件的城市，大遗址的保护则应与城市公园绿地规划建设相结合，形成大型遗址公园，成为城市重要文化设施和生态环境良好的绿“肺”。通过实施规划，实现大遗址保护工作从消极被动向积极主动转变，在保护方式上由突击式、抢救性、应急式向建立健全制度、形成长效机制转变。近期力争在西安、洛阳大遗址保护上取得突破性进展，把最负盛名、最令人难忘、最具有震撼力的历史遗迹保护起来、展示出来。

（三）工业遗产保护

任何一种类型的文化遗产从被理解到积极保护，都经历过渐进的和不断推动的过程，工业遗产也是如此。长期以来人们重视保护农业社会时期留下的文化遗产，而未能重视对工业遗产的保护。由于我国工业化进程起步较晚，时间不长，这一时代的历史见证更容易被人们所忽视，以致近年来沈阳、哈尔滨、重庆以及上海、北京等城市的一些重要工业遗产，在城市改造和房地产开发中迅速消失。但是，目前人们正在逐渐改变对工业遗产的态度，开始认识到应将工业遗产视作普遍意义上的文化遗产中不可分割的一部分。工业文明创造的财富和对世界以及人类生活的影响，都远远超过之前几千年的总和，工业遗产则直观地反映了人类社会发展的这一重要过程，具有历史的、社会的、科技的、经济的和审美的价值，是社会发展不可或缺的物证。保护工业遗产也是保持人类文化的传承，维护文化的多样性和创造性，促进社会不断向前发展的重要举措。因此，在城市建设中不能用单纯的习惯性方法将工业遗产推倒重来，而是应通过仔细甄别、保护、整修、重组等模式，将工业遗产保存于新的环境当中，并按照当代的功能需求进行保护性再利用，创造和设计出既属于现在和未来、同时也记录和体现过去工业成就的空间形态，使工业遗产融入社会生活，再次为人们呈现出难得的个性空间。

2006年4月18日“国际古迹遗址日”，百余位文化遗产保护领域的专业人士和来自全国各工业城市的代表会聚我国近代民族工业发祥地之一的无锡，召开首届中国工业遗产保护论坛，会议形成的行业共识性文件《无锡建议》向社会各界发出号召：工业遗产是整个人类文化遗产的重要组成部分，在城市化加速进程中应加以妥善保护。在保护好历史文化遗产的同时，保护好不同发展阶段有价值的工业遗产，给后人留下近现代工业化的风貌，留下相对完整的城市发展轨迹，是当代人义不容辞的责任。随后国家文物局向全国发出加强工业遗产保护的通知，启动了国家层面保护工业遗产的行动，包括在已经启动的第三次全国文物普查中，将工业遗产作为重要的普查对象，为工业遗产的认定、保护和合理利用制定相应的标准；开展工业遗产保护相关法规、规章的制定工作，使经认定具有重要意义的工业遗产通过法律手段得到强有力的保护；对列入文物保护单位的具有重要意义的工业遗产，最大限度地维护其功能和景观的真实性和完整性，原状保护必须始终得到优先考虑；通过持续性和适应性的合理利用来证明工业遗产的价值，进而使人们自觉地投入保护行列，并引导社会力量进入工业遗产保护领域；注重工业遗产保护的宣传与教育，使专业性工业博物馆和处于妥善保护和开放状态下的工业遗产地成为宣传工业遗产价值和保护事业的重要场所。

工业遗产保护对我国而言是文化遗产保护领域的新课题，是具有理性认知、科学探索、广泛合作、公众参与的保护事业，是充满前瞻性、挑战性、创新精神和活力的保护行动。虽然我国总体上还处于工业化的中期，但是沿海城市和中心城市以及一些传统工业城市的经济社会结构正在发生着根本性的变化。这些城市中的工业发展，必将由以制造业为主体开始向服务业转型，管理方式从以政府为主体向市场和公众管理转型，增长方式从数量扩张向质量内涵提升转型，发展内容从注重经济向注重文化和服务社会方面转型等，在这一转型过程中，必将伴随产业类型、空间结构、社会形态、意识行为等方面的变化。在这一迅速转型和激烈变化的形势下，如何使更多的优秀工业遗产得到妥善保护，如何形成我国工业遗产保护的整体思路和方法，是需要不断思考和实践的重要课题。

（四）乡土建筑的抢救

我国广大农村地区文化遗产数量众多。各级文物保护单位中，有半数以上分布在村、镇。具有鲜明地方特色的大量乡土建筑，反映了我国源远流长的历史和丰富多彩的民族、民间、民俗文化。当前，正在全国范围内迅速展开的新农村建设，将为我国农村地区带来前所未有的巨变。这场深刻的历史变革，也对乡土建筑保护提出了紧迫的要求。特别是一些地方错误地把“新农村建设”理解为“新村建设运动”，存在简单的城市化倾向，求新求洋，没有考虑民族文化的传承问题，造成乡村、民族、地域特色的丧失，大批乡土建筑的安全正面临着极大的威胁，“万村一面”的情况已在不少地方成为现实，如不及时加以引导，分散在广大农村地区的各具特色的乡土建筑，将随时面临被拆、迁、整、改、并等种种危险，其遭受破坏、走向消亡的速度正在逐渐加快。如何正确处理新农村建设与乡土建筑保护的关系，使乡土建筑的文化内涵、建筑特色、历史风貌得以有效保全，是事关我国文化遗产保护和新农村建设全局的重大问题。同时，乡土建筑保护在我国兴起较晚，有关的法规制度建设相对滞后，已有的文化遗产保护法规不能适应乡土建筑保护的需要。

2007年4月，国家文物局在无锡召开“中国文化遗产保护无锡论坛——乡土建筑保护”会议，来自全国文化遗产保护领域和相关专业的全体代表提出“关于保护乡土建筑的倡议”，呼吁各级政府积极行动起来，动员并依靠全社会的力量，加强乡土建筑的保护，使新农村建设与乡土建筑保护和谐共进，使我们民族的智慧与品格永远传承。近年来，国家陆续投资对全国重点文物保护单位中的乡土建筑进行了维修保护，各级地方政府也划拨财政资金和吸引社会资金用于维修乡土建筑。针对各地大量历史文化村镇被破坏的状况，建设部、国家文物局共同设立了“历史文化名镇”和“历史文化名村”制度，先后公布了三批共150余处国家历史文化名村、名镇。各级地方政府也陆续将一大批具有重要历史、文化、科学价值的乡土建筑和古村镇公布为相应级别的文物保护单位和历史文化名村、名镇，为乡土建筑的有效保护提供了重要的法律保障。同时，在世界遗产委员会日益注重世界遗产类别平衡性的背景下，乡土建筑这一新兴类别成为我国申报世界文化遗产项目的重点，“开平碉楼及村落”已于2007年成功列入《世界遗产名录》，“福建土楼”则成为2008年我国申报世界文化遗产的唯一项目。

2008年4月，国务院公布了《历史文化名城名镇名村保护条例》，确立了历史文化村镇保护的法律地位，赋予国家建设部门和文物部门履行保护管理的重要职责。保护好农村地区珍贵的文化遗产，特别是乡土建筑这一独特而丰富的文化遗产，是新形势下各级政府和有关部门不可推卸的历史责任。各级文物保护部门正在采取有力措施，提前介入新农村建设的村庄整治工作，将乡土建筑保护纳入新农村建设的总体规划之中，使新农村建设规划的制定和实施与当地文化遗产保护规划相协调。同时，加强法规制度和技术标准、规范建设，加快制定乡土建筑保护的专项法规、规章，并对乡土建筑的认定标准和程序、保护原则和措施、监督管理等方面做出具体规定，将乡土建筑保护工作逐步纳入法制化、科学化、规范化的轨道。对古村落进行科学的规划整治，按照不损害文物本体、格局和历史风貌的原则，改善水、电、通信等基础设施，使原有居民能够在世世代代居住、生活的古村落里享受到现代生活的便利，同时延续固有的文化传统和生活方式。

（五）将博物馆融入社会

随着民众生活水平的大幅度提高，闲暇时间的增多，作为文化遗产重要传承机构的博物馆在丰富社会文化生活中扮演着越来越突出的角色，已经成为一个地区、一座城市发展水平的形象代表，成为公众文化生活和旅游休闲的重要选择。目前，我国的博物馆事业进入快速发展阶段，博物馆总数已迅速发展到2 400多座，其发展速度在世界博物馆发展史上绝无仅有。特别是新建、改建和扩建的上百座大型博物馆，使博物馆的硬件水平和科技含量显著提升，博物馆的藏品保护、研究、管理、展示和服务水平明显提高，并带动了中小博物馆的建设，加之遗址博物馆、行业博物馆、生态博物馆的悄然兴起，形成了当前博物馆建设的热潮，为博物馆事业的可持续发展注入了新的活力。虽然，博物馆的建设热潮令人激动，但是，在博物馆建设过程中，博物馆人主导地位的缺失，盲目追求建筑外观和设施先进的倾向，博物馆建成后运营维护的尴尬，也使博物馆建设留下了诸多令人惋惜的缺憾。

当前我国博物馆建设和发展正处在一个关键时期，在大规模建设热潮中，正确把握机遇，才能促进博物馆从单纯的数量增长转变为质量的全面提高。丰富博物馆品类和突出博物馆特色，不仅是当前时代发展的客观要求，也是博物馆事业生机与活力的重要组成部分。因此，不仅要追求博物馆数量的增长，更重要的是在丰富品类、突出特色上创新举措，调整博物馆建设的结构布局，优先鼓励和引导科技类、专题类、民族类以及民办博物馆的建设与发展，特别是填补空白的各类博物馆建设。目前正在积极筹建中的中国科技博物馆、中国妇女儿童博物馆、中国民族博物馆等引起人们的热情期盼。它们的建成有利于形成以国家级博物馆为龙头、省级博物馆和重点行业博物馆为骨干、国有博物馆为主体、民办博物馆为补充，各行业和各种所有制博物馆各具特色、丰富多彩的建设发展新格局。

博物馆作为一个国家、一个民族或一个地区、一座城市的标志性文化设施，其建设既要突出专业性，又要体现民众性。博物馆承担着向社会公众提供优质精神产品的责任。在博物馆提供给社会的诸多精神产品中，陈列展览是最主要、最核心、最基本的精神产品。它涉及文物的收藏、研究、展示和传播，是博物馆各项工作的中心环节。随着各种传媒手段的进步，作为文化产品的陈列展览所面临的竞争压力越来越大，迫切需要充分利用现代科技成果，提升陈列展览质量和水平，使文化遗产保护的成果在更大范围和更深层次上惠及广大民众，从而奠定博物馆生存发展的坚实基础，树立和提高博物馆的社会公众形象和地位。

服务民众是博物馆的天职，只有主动融入社会，拉近与公众的距离，增强亲和力，真正成为社会公众精神文化生活不可或缺的组成部分，才能获得生存和发展的广阔空间。在我国，2003年5月，杭州市属国有博物馆开始对公众免费开放，取得了良好的社会效益，观众人次明显上升，同时对整个城市的社会经济发展也做出了积极贡献。自2004年3月，文化部、国家文物局发布《关于公共文化设施向未成年人等社会群体免费开放的通知》以来，全国博物馆逐步建立起向未成年人等社会群体免费开放制度，文物系统博物馆已免费接待未成年观众逾一亿人次。2008年1月，中宣部、财政部、文化部、国家文物局发布了《关于全国博物馆、纪念馆免费开放的通知》，国家财政对免费开放给予经费保障，全国各地博物馆、纪念馆陆续实现对全社会免费开放。

博物馆不是一个冰冷的知识库，而应成为温馨的知识宫。要由以物为主转化为以人为本，树立人性化服务理念和举办丰富多彩的活动，吸引更多的公众走进博物馆。这方面拥有很大的空间，也有许多工作要做。事实上，应视博物馆为最重要的教育机构之一，参观博物馆也应成为绝大多数民众一生中最重要的文化体验。在当今文化呈现多样性的时代，文化遗产地和博物馆要增强为青少年提供优质服务的意识和社会责任感，尊重青少年的心理感受、审美情趣和认知特点，善于与青少年对话、交流和互动。探索建立博物馆参与未成年人国民教育体系并将其纳入中小学生教育体系方面的长效机制，为营造“学习型社会”提供更好的服务，使博物馆真正成为青少年的学习课堂，发挥教育基地作用。通过创意和推出各具特色、个性鲜明、为青少年喜闻乐见的社会普及活动，并借助新闻媒介和互联网络，向社会及所在社区开展广泛宣传，激发青少年的参与意识。

（六）非物质文化遗产保护

我国历史悠久、民族众多，所拥有的非物质文化遗产绚丽多彩。这些非物质文化遗产源于中华文明，根植于民族民间，保护好它们对民族精神的延续、传统文化的弘扬，具有重要作用。当前我国非物质文化遗产的生存、保护和发展遇到很多新的情况和问题，面临着严峻形势。一方面，文化生态的改变，正在使非物质文化遗产逐渐失去赖以生存和发展的环境基础，许多非物质文化遗产正处于生存困难状态或已经消亡，一些依靠口传心授方式加以传承的文化遗产正在不断消失，许多传统技艺濒临消亡，大量有历史、文化价值的珍贵实物与资料遭到毁弃或流失境外。另一方面，一些地方保护意识淡薄，致使一些非物质文化遗产显现的某种文明价值，因不合理的利用而中断。一些地方甚至借继承创新之名随意篡改民俗艺术，损害了非物质文化遗产的原真性。同时，法律法规建设的步伐不能与保护的紧迫性相适应，非物质文化遗产保护标准和目标管理以及收集、整理、调查、记录、建档、展示、利用、培训等工作相对薄弱，与保护相关的一系列基础性问题不能得到系统性解决。

2005年3月，国务院办公厅发布了《关于加强我国非物质文化遗产保护工作的意见》，要求建立国家级和省、市、县级非物质文化遗产代表作名录体系，逐步建立起比较完备的、有我国特色的非物质文化遗产保护制度。2005年12月，国务院在《关于加强文化遗产保护工作的通知》中，确立了非物质文化遗产保护工作的指导方针，即“保护为主、抢救第一、合理利用、传承发展”。通知中明确非物质文化遗产是指各种以非物质形态存在的与群众生活密切相关、世代相承的传统文化表现形式，包括口头传授、传统表演艺术、民俗活动和礼仪与节庆、有关自然界和宇宙的民间传统知识和实践、传统手工艺技能等以及与上述传统文化表现形式相关的文化空间。通知要求积极推进非物质文化遗产保护的各项工作，开展非物质文化遗产普查；制定非物质文化遗产保护规划；抢救珍贵非物质文化遗产；建立非物质文化遗产名录体系；加强少数民族文化遗产和文化生态区的保护。2006年5月，国务院正式公布了《第一批国家级非物质文化遗产名录》，其中包括民间文学、民间音乐、民间舞蹈、传统戏剧、曲艺、杂技与竞技、民间美术、传统手工技艺、传统医药、民俗等。

在社会发展和进步过程中，人类创造了丰富的文化遗产，这些文化遗产包括物质文化遗产和非物质文化遗产，它们共同构成了一个民族、一个国家现存的文化记忆，保护物质文化遗产与保护非物质文化遗产具有同等重要的意义。从文化遗产存在形态来看，非物质文化遗产包含着较多随时代变迁和人群迁徙而易于湮没的文化记忆，因此具有保护的紧迫性。特别是在21世纪经济全球化和我国加速城市化的背景下，保护和传承非物质文化遗产，已成为文化遗产保护中新的重要课题。面对这一紧迫任务，我国非物质文化遗产的保护应后起直追，通过摸清家底、建立制度、科学研究、形成机制，防止重申报、重开发，轻保护、轻管理，随意滥用、机械复制、过度开发的现象发生，使保护工作得以积极推进。近年来，我国加大了非物质文化遗产保护意识的宣传，取得了良好效果。以中国艺术研究院为代表的研究机构和专家学者，既重视基本理论问题研究，又富于创新实践精神，在较短的时间内进行了大量卓有成效的开拓性工作，取得了有目共睹的业绩，为文化遗产事业的发展做出了积极的尝试和有益的探索。

（七）世界文化遗产保护

自20世纪70年代以来，世界文化遗产保护及其相关问题成为国际社会十分关注的领域，鉴于这一体系的先进性、普遍性和规范性，其很快得到国际社会普遍认同，并获得日益扩大的影响。

这一保护体系中的世界文化遗产则是具有突出的普遍价值，并受到严格保护的文化遗产对象。我国对文化遗产这一概念的实际运用，是在20世纪80年代。1985年我国政府加入《保护世界文化和自然遗产公约》以后，通过世界文化遗产的申报等工作，使文化遗产的概念逐渐受到社会广泛关注和普遍接受，并得到迅速普及，成为与我国原有文物保护体系既相互联系，又有明显区别的又一保护体系。世界文化遗产不强调保护管理层次，也没有规模上的严格划分，可以大到整个城市、某个街区，小到单体建筑；但是更强调保护类型的划分，例如文化遗产、文化与自然双重遗产，以及非物质文化遗产等多种类型的划分。近年来世界文化遗产所关注对象的类型，有向综合化、动态化、巨型化与线型化、近代与现代化、生活功能化和非物质化等方向扩展的趋势。

在我国，1987年长城等6项遗产被列入《世界遗产名录》，实现世界遗产零的突破以后，经过20多年的努力，目前我国已经拥有35处世界遗产，其中25处世界文化遗产、4处文化与自然双重遗产。事实上，随着我国被列入《世界遗产名录》的文化遗产数量的增多，我国的文化遗产保护目标和任务分别来自两个方面，一方面是以文物保护单位、历史文化街区和村镇、历史文化名城为代表的我国多层次文物保护体系；另一方面是以文化遗产、文化与自然双重遗产、非物质文化遗产为代表的世界文化遗产保护体系，两个体系具有不同的管理依据和管理方式。这一状况的改善，需要通过国家层面合理的制度设计和目标管理，使不同的保护体系在共同的保护理念、共同的价值取向和共同的评价标准下得到整合。同时，世界文化遗产保护事业，为我国文化遗产保护与国际先进理念加强交流提供了机遇和条件，也使我国文化遗产保护机构与联合国教科文组织（UNESCO）、国际古迹遗址理事会（ICOMOS）、国际文化财产保护与修复研究中心（ICCROM）等国际组织保持了经常性的联系，并建立了广泛的合作关系。

2006年12月我国颁布实施了《世界文化遗产保护管理办法》，随即《中国世界文化遗产监测巡视管理办法》《中国世界文化遗产专家咨询管理办法》等相继制定实施。这些规章制度的制定经过了反复的酝酿，成为我国多层次文物保护体系与世界文化遗产保护体系相互融合、相互借鉴、相互支撑的有益尝试，这无疑是一次开拓性的尝试，成功与否还需要经过实践的检验。其中监测巡视管理制度用以保证世界文化遗产的健康发展，专家咨询制度则对世界文化遗产保护管理中的重大问题进行研究论证，为决策提供专业咨询。同时，2006年12月，依照世界遗产委员会评审世界遗产的工作程序和规程，综合考虑真实性、完整性和平衡性，完成了《中国世界文化遗产预备名单》重设工作。重新设定的世界文化遗产预备名单将“杭州西湖—龙井茶园”“哈尼梯田”等作为“文化景观”的代表；将“大运河”“丝绸之路中国段”等作为“文化线路”的代表；将“山陕古民居”“皖南古民居”“江南水乡古镇”“藏、羌碉楼与村寨”和“黔东南苗族村寨”等作为“乡土建筑”的代表，体现了世界文化遗产类型的平衡性和多样性。

（八）新公布全国重点文物保护单位

2006年5月，国务院公布了第六批全国重点文物保护单位名单。这次公布的文物保护单位数量为1 080处，几乎达到了前五批全国重点文物保护单位数量的总和。“但是，这个名单对中国的文化遗产保护的意义绝不仅仅体现在数字上。这些数字的背后有更多的问题值得我们认真思考”[①]。这份名单的意义主要体现在所展示的文化遗产内涵较为丰富，所包括的文化遗产范围较为广泛，所涉及的文化遗产内容更加深化，反映出当代文化遗产保护事业应具有的整体性、拓展性和前瞻性。“我们对文物的认识也在不断深化，过去考虑更多的是古遗址、古墓葬、古建筑、石刻等等，但是随着我们认识的深化，文物保护单位应该不仅仅只包括这些，从时代上来说，过去的认识仿佛什么都是越古越好，对近现代就注意不够，在近现代又是重点选择革命文物，而忽视了其他方面。事实上，近现代是一个很重要的历史阶段”[②]。

第六批全国重点文物保护单位虽然仍沿用了第五批的分类法，但是，入选单位包括一些以往较少进入全国重点文物保护单位之列的，反映我国民族文化、地域文化和近现代文化生活、经济活动等方面的文化遗产。例如大生纱厂、汉冶萍煤铁厂矿旧址、青岛啤酒厂早期建筑、石龙坝水电站等工业遗产；玉山古茶场、聚馆古贡枣园、清农事试验场旧址、嵖岈山卫星人民公社旧址等农业遗产；大栅栏商业建筑、高邮当铺、哈尔滨莫斯科商场旧址、国际饭店等商业遗产；柳氏民居、理坑村民居、杨氏民宅、日斯满巴碉房等乡土建筑；马胖鼓楼、大召、康松桑卡林、聂塘卓玛拉康等少数民族遗产。同时，还包括中国营造学社旧址、中国西部科学院旧址、抗战胜利纪念堂、集美学村和厦门大学早期建筑等近代遗产；民族团结誓词碑、荆江分洪闸、郑州二七罢工纪念塔和纪念堂、唐山大地震遗址等现代遗产。但是，其中也有遗憾，例如在对现代建筑的保护方面，评审时未能给予

---

①吕舟：《第六批国保单位公布后的思考》，载《中国文物报》，2006-08-18（5）。

②谢辰生：《关于认识文物价值的一点看法》，载《中国文物报》，2006-08-04（3）。

应有的重视，以致一些重要的现代建筑遗产，甚至新中国成立初期的“国庆十大工程”也未能列入全国重点文物保护单位之列，因而有些建设物面临被拆除的危险，为今后实施保护增加了难度。

另一方面，在第六批全国重点文物保护单位中，对近年来要求加强保护呼声较高的历史文化街区、历史文化村镇以及“线型文化遗产”“文化景观遗产”等遗产类型也进一步做了有益的尝试。例如将三坊七巷和朱紫坊建筑群、西门街古建筑群、鼓浪屿近代建筑群、烟台山近代建筑群等历史文化街区，郭壁村古建筑群、南屏村古建筑群、上甘棠村古建筑群、阿坝羌寨碉群等历史文化村镇，井陉古驿道、独松关和古驿道、连城要塞遗址和友谊关、阿坝红军长征遗迹等文化线路遗产，坎儿井地下水利工程、“二十四道拐”抗战公路、仕水碇步、红旗渠等文化景观遗产，也列入了保护名单。而京杭大运河作为一个特殊的类型被列入名单，格外引人注目。将这一跨越今日四省两直辖市区域，连接20座左右城市，全长1 794千米的文化遗产廊道，整体列入保护项目，对文物保护单位制度无疑是一场革命性挑战。“把这样一个空间尺度的保护对象作为一个保护单位加以保护，这在我国文物保护工作中是史无前例的。这件事本身反映了中国文物保护事业的发展，反映了我国文物保护领域在保护的观念、保护的技术手段、资金条件和管理体制上都已进入了一个新的阶段”[①]。

（九）“文化遗产日”

今天，以国家保护为主，动员全社会共同参与的文化遗产保护新体制正在逐步形成，广大民众和海内外有关人士以多种形式参与文化遗产保护，使保护文化遗产的社会环境得以不断改善。

①吕舟：《第六批国保单位公布后的思考》，载《中国文物报》，2006-08-18（5）。

动员民众参与文化遗产保护在我国是一项传统。1956年国务院颁布的《关于在农业生产建设中保护文物的通知》的第一条就是要求文物保护工作不能仅仅依靠政府，而是要“加强领导和宣传，使保护文物成为广泛的群众性工作”，并且提出了要建立群众性文物保护小组的要求。可喜的是整整五十年之后，国务院做出决定自2006年起每年6月的第二个星期六为我国的“文化遗产日”。文化遗产日是在我国文化遗产保护处于极其困难时期的背景下设立的，显示出一种非同寻常的必要性和极强的现实意义。由国家确定“文化遗产日”显示了当代中国对自己的文明的认识高度，表现了一个民族文明的自觉，同时表明具有现代文明意义的并被国际社会广泛认同的文化遗产观正在我国形成。

广大民众有参与文化遗产保护的良好愿望，文化遗产保护更需要民间力量的支持。许多珍贵文物的第一发现者和第一时间保护者就是普通民众。如果民众缺乏文化遗产保护意识，没有采取基本的保护措施，它们可能无声无息地被破坏甚至毁灭。2003年1月19日，陕西省宝鸡市杨家村王宁贤等5位农民在取土时意外发现一处西周青铜器窖藏，采取妥善保护措施后及时报告当地文物部门。后经专家考证，这批青铜器件件有铭文，创造了全国同类发现的多项第一，被评为2003年度“全国十大考古新发现”之一。另一件民众自发保护文物的感人事迹，发生在年人均收入不足700元的极其贫困的贵州省黎平县地坪乡，2004年7月20日，当一场百年未遇的洪水咆哮着冲毁全国重点文物保护单位地坪风雨桥时，当地上百名群众自发地跃入洪水，拼死打捞风雨桥构件，三天三夜的奋争，从贵州打捞到广西，抢救回73%以上的风雨桥构件，使风雨桥得以重建，上演了一幕我国文化遗产保护史上的壮举。地坪风雨桥连接着上寨村和下寨村，这里共生活着1 500余位侗族民众。风雨桥既是他们休闲、节庆的场所，也是侗族青年行歌坐月、谈情说爱的地方。当地人以此为自豪，把它当作村寨的精神财富，祖祖辈辈都将守护它当成自己的义务。一位侗族学者说：花桥是我们侗族人生命中的桥，保护花桥是我们传承民族文化的方式之一。孩子们是唱“地坪花桥传万代”的侗族大歌长大的。地坪人在这种氛围中成长、生活，爱护花桥、保护花桥的意识已经融入了他们的血液，他们为花桥做任何事都如同呼吸般自然，文物保护的民众意识在这里得到了最强烈的表达。

广大民众是有觉悟、讲感情的。近几年，连续发生在宝鸡市的一幕幕动人心弦的事实就充分证明了这一点。前述5位农民保护国宝的动人事迹曾经“感动中国”。从那以后，相同的事迹在这一地区连续出现，2003年至2006年的短短4年中，又有11批农民群体在生产劳动中发现以青铜器为主的珍贵文物后，自觉报告文物部门或上交国家。一次次令人们兴奋不已的不仅是那些出土面世的稀世珍宝，更是那些朴实无华的农民群体，是他们的高尚行为铸就了震撼人心的“农民护宝精神”。在震撼和感动之余，人们不禁要问，是什么让这些村民在盗墓猖獗、非法走私文物盛行的今天，能够抵御金钱的诱惑，将珍贵文物上交国家，为我们保留了这一方净土？原因很简单：这里是《周礼》的故乡，长期生活在历史文化氛围中的民众，形成了淳朴的民风，培养造就了爱国护宝的精神。今天，这些可敬可赞的农民护宝行动，反映的正是当民众感受到家乡悠久灿烂的文化传统，了解到国家保护文化遗产的法律之后，所形成的自觉的保护意识和无私奉献的高尚情操。

保护文化遗产不仅是各级政府和专家学者的责任，而且是每一个公民应该担负起来的责任，更是亿万民众的共同责任。文化遗产保护作为一项利在当代、功在千秋的社会公益事业，需要广大民众的积极参与。民众既是文化遗产的创造者，也是文化遗产的主人。如果广大民众不珍视、不爱惜、不保护、不传承文化遗产，文化遗产最终将难以避免消亡的厄运。近年来，国家文物部门和各级政府对不断涌现的保护文化遗产的典型事迹给予了表彰和奖励。朴实的农民群体一次次走上光荣的领奖台，获得国家颁予的崇高荣誉。他们的事迹在主要新闻媒体和“文化遗产日”特别直播节目中被热情颂扬，受到社会的广泛关注，促使全社会文化遗产保护意识进一步提高。这些努力将为保护文化遗产提供更广泛的公众支持和更强大的社会保障，使文化遗产真正为社会公众所共享，更有力地推动文化遗产所在地的经济和社会的和谐发展。

回顾我国文化遗产保护的探索与实践，分析其中兴衰成败的经验与教训，使文化遗产保护事业的发展路径更加清晰地得以展现。近百年来，文化遗产保护的先驱者们，凭借着对民族、对民众、对文化、对社会的深厚感情和自身广博的文化根基，引领着保护事业的发展方向。今天，人们欣慰地看到，文化遗产保护意识正在全社会迅速觉醒，社会各界对此不断达成新的共识，文化遗产保护事业的发展呈现出美好前景。可以预言，在21世纪，我国文化遗产的内涵和外延必将继续发生深刻的变化。“未来由现在开始缔造，现在从历史中走来，未来变化的方向离不开对历史进程的探寻。世界历史进程代表着人类文明发展的一种趋势和高度，把握了它，有助于人类的发展获得当代的意义”[①]。这是时代的召唤和神圣的使命，对此我们应该勇于担当。

①吴良镛：《国际建协〈北京宣言〉——建筑学的未来》，187页，北京，清华大学出版社，2002年。

关注新型文化遗产—文化线路遗产的保护①

（2009 年 5 月 5 日）

文化线路是指拥有特殊文化资源集合的线型区域内的物质和非物质的文化遗产族群，这是近年来国际文化遗产保护领域的一个新的概念，被认为是拓展文化遗产规模和复杂性趋势的新的发展成果，具有多维度的内涵。文化线路作为一种遗产体系，一种文化遗产资源的集合，具有其自身的基础构架、网络肌理、生态环境和影响范围，而不是简单地作为一系列孤立的文化遗产单体或地

以色列阿夫达特香料之路文化线路（2003年12月27日）

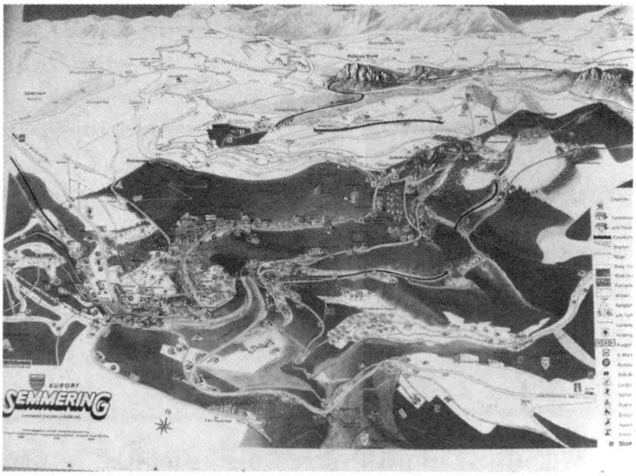

奥地利塞默灵铁路（2005年5月11日）

①此文发表于《中国名城》2009 年第 5 期，第 4 页，2009 年 5 月 5 日。

点的总和。同时，文化线路作为开放的、动态的概念，为深刻理解文化遗产实质提供了新的观念，对文化遗产的外延拓展，具有开创性意义。

一、“文化线路”概念的形成

希腊中马其顿科林斯运河（2009年6月19日）

早在1994年，经世界遗产委员会的批准，在西班牙政府的资助下，召开了马德里文化线路世界遗产专家会议，会议对文化线路的有关问题进行了深入讨论，一致表示应将“路线作为我们文化遗产的一部分”。会议形成的《专家报告》第一次清晰地提出了文化路线的概念，指出文化线路是一种具体的动态的文化景观，是“建立在动态的迁移和交流理念基础上，在时间和空间上都具有连续性”“强调不同国家和地区间的对话和交流”“是多维度的，有着除其主要方面之外多种发展与附加的功能和价值，如宗教的、商业的、管理的等等”。《专家报告》建议世界遗产委员会要求各国推动这一新型文化遗产保护，认为文化线路真实性的判别应该建立在它的文化意义及组成它的各个部分之上，应考虑时间、现在使用状况、立法、自然框架以及它可能具有的其他实体和象征层面的问题。

这次专家会议还形成了一份提交给联合国教科文组织的《保

护世界文化与自然遗产公约实施指南》的附加文件，该文件讨论了文化线路作为世界文化遗产的判别标准，指出应强调文化线路使用所带来的文化上的反响和在文明传播上的贡献，同时以以下4点为基础：①空间特征，即空间长度上的多样性反映了文化线路所代表的交流是否广泛，其连接是否足够丰富多样；②时间特征，即只有达到一定的使用时间，文化线路才可能对它所涉及的社区文化产生影响；③文化特征，即它是否包含跨文化因素或是否产生了跨文化影响，指它在连接不同文化人群方面的贡献；④角色和目的，即它的功能方面的作用，例如曾对文化宗教信念或贸易的交流起到作用，并影响到特定社区的发展等等。上述关于文化线路的判别标准，形成了对文化线路开展进一步研究的基础。同时，附加文件在文化线路的重要节点元素的辨别方面强调了以下几个方面：一是中心点元素，包括线路的出发点、到达点等； 二是宿营场所，指线路的驿站、商队旅店等；三是饮水处，包括线路中的井、泉水等；四是必须经过的场所，如涉水处、桥梁、山路、港口等。

1998年，国际古迹遗址理事会（ICOMOS）在西班牙特内里弗召开的会议上，成立了文化线路科学委员会（CIIC），通过了该委员会的宪章和工作计划等一系列文件，从而开始系统、深入地探讨“文化线路”的内涵、价值、意义及其保护策略，同时也标志着以“交流和对话”为特征的跨地区或跨国家的文化线路，作为新型文化遗产理念，已为国际文化遗产保护领域所认同。文化线路科学委员会将文化线路定义为：“文化线路或路线的概念指的是一套整体大于个体之和的价值，正是借助这套价值，文化线路才具有其意义。鉴别文化线路的依据是能够证明线路自身意义的一系列要点和物质元素。通过在某段历史时期对某个社会或团体的文明进程起到决定性作用的线索，来承认某条文化线路或路线中能够联系到某个非物质价值的关键要素和实物。”

进入21世纪，2002年12月，文化线路科学委员会再次在西班牙马德里召开会议，以“与文化景观相关的文化线路在观念上与实质上的独立性”为议题，通过了关于“文化线路”的三点基本共识，即《马德里共识》。其一，作为贴切的理解文化遗产的途径，“文化线路”提供了一种新概念，以揭示文化遗产非物质的、富有生机的动态维度，从而在很大程度上超越了文化遗产的物质内容。其二，不能认为“文化线路”产生于或将其界定为诸如纪念物、历史城镇、文化景观等文化要素，相反，“文化线路”是动态生成与富于生机的，它的动态性和历史文脉已经生成或仍在继续生成相关的文化要素。其三，从严格的、逻辑的科学观点看来，不宜认为“文化线路”是“线型的”或“非线型的”文化景观。即使当一些文化景观位于某条文化线路上时，它们之间或许完全不同，或许在地理上彼此隔绝、相距遥远。《马德里共识》首次明确了“文化线路”的文化遗产价值地位，为此后“文化线路”理念的发展确立了基调，对“文化线路”价值的认识随之在全球传播开来。

2003年3月，联合国教科文组织世界遗产委员会委托国际古迹遗址理事会对《保护世界文化与自然遗产公约实施指南》（简称《实施指南》）进行修订，加入有关文化线路的内容。2003年5月，在世界遗产委员会的委派下，文化线路科学委员会再次在马德里召开会议，形成了《实施指南》关于文化线路内容的讨论稿，其中关于文化线路的定义为：“是一种陆地道路、水道或者混合类型的通道，其形态特征的定型和形成基于它自身具体的和历史的动态发展和功能演变；代表人们的迁徙和流动，代表一定时间内国家、地区内部或国家、地区之间人们的交往，代表多维度的商品、思想、知识和价值的互惠和不断的交流，并代表因此产生的文化在时间和空间上的交流与相互滋养，这些滋养长期以来通过物质和非物质遗产不断得到体现。”

这一定义说明了文化线路的如下特征。首先，它的本质是与一定历史时间相联系的人类交往和迁移的路线，包括一切构成该路线的内容：城镇、村庄、建筑、闸门、码头、驿站、桥梁等文化元素，还有山脉、陆地、河流、植被等和路线紧密联系的自然元素。其次，作为一种线型文化景观，它的尺度是多种多样的：可以是国际的，也可以是国内的；可以是地区间的，也可以是地区内部的；可以是一个文化区域内部的，也可以是不同文化区域间的。第三，它的价值构成是多元的、多层次的：既有作为线路整体的文化价值，又有承载该线路的自然地本身作为山地、平原、河谷等生态系统拥有的生态价值；不仅包括分布在其内部的建筑和其他单体遗产自身的价值，还包括非物质文化遗产所蕴含的价值。《实施指南》关于文化线路内容的讨论稿，再次明确强调应判别文化线路的真实性。一是文化线路的物质形态；二是文化线路的历史感，文化线路所携带的信息，及其重要的精神特征；三是应考虑相关时间因素及各个部分现在的使用状况；四是受线路影响人群的愿望。

2005年版《保护世界文化与自然遗产公约实施指南》的附件3，进一步阐释了文化线路的定义：“遗产线路的概念是丰富多彩的，它提供了一种特殊构架，对相互理解、对待历史的多样态度与和平文化都将起到一定作用。遗产线路由各种有形的要素组成，这些要素的文化意义来自于跨国界或跨地区的交流和多维对话，它们说明了在这条线路上运动在空间和时间上的交互作用。”2005年10月，在我国西安召开的国际古迹遗址理事会第15届大会暨科学研讨会，将文化线路列为4大专题之一，聚焦于“文化线路”被列入世界文化遗产的项目，并形成了有关《文化线路宪章（草案）》的决议，从此，我国学者开始给予“文化线路”更多的关注。2006年，在巴黎再次召开的文化线路科学委员会会议，旨在推进世界文化遗产申报的比较性研究。与会者多为研究古代文化交流线路的学者，包括玛雅道路、罗马帝国道路、两河流域贸易之路、丝绸之路、印度河交流线路、希腊海洋线路等方面研究的专家。

《马德里共识》认为“文化线路”具有非物质的精神属性和连通古今的可传承性，首次提出“无形的精神具有内在联结多种文化要素，以促进文化线路整体性形成”的观点；同时指出“文化线路”中有形遗产的脆弱性，由于物质遗存多已被破坏，或毁之无存，因而“文化线路”中民俗、民间工艺、宗教和文化的传承扮演着重要角色。《马德里共识》特别强调“文化线路”连通古今的生机，这不仅是指文化线路中物质文化遗产存留至今的意义，更在于历史文脉与现实沟通互动而注入“文化线路”的文化价值。《马德里共识》专门指出“文化线路”不同于文化景观的实质，认为“文化线路与文化景观是两个不同的科学观念。文化线路以动态性为表征，包括无形的空间动力特征，这些是文化景观所不具备的；文化景观尽管也具有穿越时代的许多特征，但在本质上更具静态性和规定性。通常，文化线路包含许多不同的文化景观。一处文化景观在地理语境中不是动态的，也不及文化线路潜在涵盖的内容广泛，文化线路可能已经生成并继续生成许多文化景观，反之则不可能发生”。

文化线路以及与之概念相近的遗产廊道（Heritage Corridors）、文化廊道（Cultural Corridors）、历史路径（Historic Pathway）、线状遗迹（Serial Monuments and Sites）等文化遗产概念，都强调空间、时间和文化因素，强调线状文化遗产各个节点共同构成的文化功能和价值，以及至今对人类社会、经济可持续发展产生的影响。对这类文化遗产的保护产生了积极的影响。在此基础上形成的线型文化遗产的理念和保护研究也逐渐成为国际文化遗产保护领域关注的热点。与历史文化街区、历史文化村镇、历史文化名城等文化遗产区域概念相比，文化线路遗产所展示的是具有起点和终点、拥有一定长度和宽度的线状或带状的文化遗产区域，涵盖的范围更大。文化线路遗产的形式和内容丰富多彩，其中河流、峡谷、运河、道路以及铁路等都是重要表现形式，大多代表了早期人类的运动路线，并体现着地区文化的发展历程，例如从早期的利用河渠运输，逐步发展到修建运河、公路及铁路。带状绵延的长城及其周边的附属建筑、城堡、关塞、烽燧等，也属于线型文化遗产。文化线型遗产主要可以归纳为具备线型物质形态、其携带的信息和呈现的精神特征具有历史感，并涉及时间因素和使用现状等。

文化线路遗产与其他文化遗产类别的不同之处，还在于它更强调所带来的各文化社区间的交流和相互影响。文化路线是指陆路、水路或其他道路形式，因自己特殊的历史动力和作用而确定的有形路线，能够表现国家和地区之间一段时期内人们的相互活动，以及商品、思想、知识和价值观的多维的、持续的、互惠的交换和交流。沿着一些文化路线所发生的宗教、思想观念的传播，直接参与对各文化社区的形成和发展的塑造，进而在时间和空间上产生文化的繁荣，意义往往十分重大。这一繁荣的历程在这些文化线路上遗留下一系列文化遗产节点元素，并通过物质的或非物质的形式得到反映。

在线型文化遗产保护方面，国家历史相对较短的美国却较早地进行了有益的实践。对自然遗产保护的觉醒、对文化景观的整体文化意义的尊重，以及注重自然遗产和文化遗产保护的结合，促使具有历史文化意义的线路成为保护的对象。其基本做法之一，就是通过精心设计的游道（Trail）把自然和文化资源串联起来，形成兼具生态效益和社会效益的绿色通道。在开展绿色通道保护实践的基础上，进一步顺应文化遗产保护区域化的趋势，逐渐发展形成遗产廊道，将其作为一种拥有特殊文化资源集合的，具有动态特征的线型景观加以保护。其较早的实例有20世纪80年代国会指定的伊利诺斯和密歇根运河（Illinois and Michigan Canal）国家遗产廊道。遗产廊道促进了当地旅游业和娱乐业的发展，促进了传统建筑的适应性再利用，促进了区域生态环境的改善，引发许多州都制订了遗产廊道计划，项目数量超过100个。

在世界文化遗产保护方面，继1987年中国的长城和英国的哈德良长城列入《世界遗产名录》后，西班牙的圣地亚哥•德•卡姆波斯特拉朝圣路（1993年）、法国的米迪运河（1996年）、荷兰的阿姆斯特丹防御战线（1996年）、奥地利的塞默林铁路（1998年）、印度的大吉岭铁路（1999年）、阿曼的乳香之路（2000年）、阿根廷的科布拉达•德•胡迈海卡山谷（2003年）、日本的纪伊山脉胜地和朝圣之路（2004年）和以色列的香料之路——内盖夫地区的沙漠城市（2005年）等防御工程、水利工程、宗教线路、交通线路、商业线路，陆续进入《世界遗产名录》。这些线型文化遗产相继被列为世界文化遗产，体现出文化遗产保护领域的发展趋势，即文化遗产的保护范围不断扩大，由单体文物到历史地段，再至整座城镇，进而兼及文化景观（Cultural Landscape）、遗产区域（Heritage Area），乃至串联几座甚至几十座城市、一个或多个国家的更大的文化区域。

纵贯或横跨多国的线型文化遗产，尤其是文化线路，越来越成为当今人们价值认同、民族交融、文化互动的媒质，因而越来越受到国际社会的关注。2004年，在世界遗产中心支持下，阿根廷、玻利维亚、智利、哥伦比亚、厄瓜多尔、秘鲁等国家提出了挑战性极强的印加之路（Gran Ruta Inca）①申报列入《世界遗产名录》。2005年，斯特鲁维测量地点（Struve Geodetic Arc）②，成为芬兰、挪威、瑞典、俄罗斯、拉脱维亚、爱沙尼亚、立陶宛、乌克兰、白俄罗斯和摩尔多瓦等10个国家共同拥有的一项世界文化遗产，这也是首次由3个以上国家跨国联合申报，并成功列入《世界

①印加之路连接着一个由前印加安第斯文化营造了 2 000 多年的道路和设施系统。印加帝国曾借此维系过对 80 多个民族和政治部落的统治，辐射力度超过了 23 000 千米，串联起各地的肥沃土地、行政区划和礼仪中心。15 世纪，印加帝国将该道路和设施系统继续扩展至帝国的天涯海角，以保证其疆域内权力的维系、思想的交流以及物资的流动。

②斯特鲁维测量地点以 19 世纪俄国天文学家 F.G.W. 斯特鲁维（F.G. W. Struve）的名字命名。F.G.W. 斯特鲁维从 1816 年至 1855 年主持了一次重要的地球子午线测量活动，涉及国家众多，被科学史认为是第一次对子午线的长距离的精确测量。这次测量对其后建立标准的初始子午线及标准的地图绘制，起到了重要的规范作用。它不仅是历史上多国科学家通力合作的范例，也是多国君主及政府为科学事务相互协作的范例。这项世界遗产所包含的子午线测量地点群，从挪威北部的港口城市哈默菲斯特（Hammerfest）至黑海，穿越 10 个国家，连线总长 2 820 多千米。斯特鲁维当初主持测量时，有 258 个测量小组，265 个测量站点，分布于各国各地。该世界遗产项目选择了其中 34 个测量点遗址作为遗产的基本构成内容。实物主要包括测量时遗留的标志性结果，如岩石钻孔，铁十字架、石堆界标以及纪念碑等相关建筑物。斯特鲁维测量地点通过对无形遗产的连续性及其影响范围的考证，确证“文化线路”曾经的物质存在。

遗产名录》的线型文化遗产项目。以往的20余年间共产生过14项跨国遗产，但是均为两国共有。而“十国共享”，强烈地传达出世界遗产事业新的发展趋势。

大体量、跨地域、跨国界的线型文化遗产研究逐渐成熟，并为国内外越来越多专业人士所关注。丝绸之路更以其反映人类长期以来贸易文化交流、共同发展足迹的独特价值而受到特别重视。自20世纪80年代以来，我国和中亚、西亚有关国家的一些同丝绸之路有关的文化遗产，陆续被列入《世界遗产名录》。例如波斯波利斯遗址（伊朗，1979年）、帕尔米拉遗址（叙利亚，1980年）、敦煌莫高窟（中国，1987年）、伊钦内城（乌兹别克斯坦，1990年）、布哈拉历史中心（乌兹别克斯坦，1993年）、萨马尔罕——文化交汇地（乌兹别克斯坦，2001年）。近20年来，联合国教科文组织开始关注丝绸之路的保护与申报世界文化遗产进程，1988年启动了“对话之路：丝绸之路整体性研究”项目，并于1989年、1990年和1992年连续三次派出由专家学者组成的考察组，分别对“沙漠丝绸之路”“草原丝绸之路”和“海上丝绸之路”进行考察。2003年8月，该组织再次派出考察组，对丝绸之路中国段进行专题考察，研究丝绸之路作为“文化线路”申报世界文化遗产的可行性。此次申报强调丝绸之路对人类不同文化之间的沟通和融合所做出的贡献，认为将丝绸之路列入《世界遗产名录》符合国际社会实现世界文化遗产多样性的诉求，同时，跨国申报丝绸之路跳出了物质文化遗产保护的范畴，更强调不同文化之间的和平对话与共同发展。

2006年8月，由联合国教科文组织世界遗产中心和中国国家文物局主办的丝绸之路申报世界遗产国际协商会议，在我国新疆吐鲁番召开。来自中国、哈萨克斯坦、吉尔吉斯斯坦、塔吉克斯坦和乌兹别克斯坦等国的专家与管理者出席会议。各国参会代表在会上做了内容丰富的丝绸之路文化遗产介绍，以及各国为申报世界文化遗产所作的准备，其中列入世界遗产预备名单项目的，包括哈萨克斯坦12处，吉尔吉斯斯坦6处，塔吉克斯坦17处，土库曼斯坦2处，乌兹别克斯坦17处等，共计54处。由此可见，上述各国均为保护丝绸之路文化遗产做出了努力和并对申报世界文化遗产有着极高的热情。

二、我国文化线路遗产的特点

我国作为历史悠久的文明古国，拥有丰富的文化线路遗产资源，随着对这一新型文化遗产保护意识的增强，一些重要的文化线路遗产相继列入各级文物保护单位，其中，已有22项列入全国重点文物保护单位。长城早已列入《世界遗产名录》，丝绸之路（中国段）、大运河等则进入了申报世界文化遗产预备名单。仅就此进行分析，可以得出我国文化线路遗产具有历史悠久、尺度巨大，资源丰富、种类多样，功能持久、生命力强等鲜明特点。

我国的文化线路遗产具有历史悠久、尺度巨大的特点。长城、大运河、丝绸之路等，在祖国大地上呈现出气势磅礴的布局。“如果说绵延万里的长城是中华民族挺立不屈的脊梁，那么贯穿南北的大运河则是民族流动不息的血脉。在这一撇一捺大写‘人’字的两侧，西侧有陆地丝绸古道，东侧则有海上丝绸之路，像腰间的彩带飘展开去。”正是这样一个脊梁坚挺、血脉流畅、交流开放的“人”，生动地体现出中华民族进步与发展、交流与对话的文明历史。

长城是中华民族的象征，其建造时间之长，工程量之大，分布地域之广，影响力之深远，是其他文化遗产所不可比拟的。长城组成复杂，是一个规模庞大、完整的军事防御工程体系；建造时间贯穿了我国整个封建王朝史，是中华民族悠久历史的真实见证；分布地域更为广大，遍及辽宁、山东、河北、天津、北京、山西、河南、陕西、内蒙古、宁夏、甘肃、新疆等十余个省、自治区、直辖市，是我国留存历史文化信息最为丰富的古代建筑工程。

古老的大运河是中华民族勤劳、勇敢、智慧的结晶，是世界文化史上的不朽丰碑。她滔滔奔流、千载不息，孕育了多姿多彩的运河文化，丰富了中华民族古老的文明。大运河书写着特定地域的发展历史，孕育了多样化的地方文化和传统，并在线型文化遗产水系的流淌中再现，形成相互关联的文化遗存范围。大运河是世界上开凿时间最早的人工河，部分段落始建于2 400多年前的春秋时期，至隋代全线贯通，经唐宋时期的发展，最终在元代取直后形成目前的规模，明清两代又有不同规模的改造和整修。大运河的历史是动态的发展过程，其各组成部分都有内在的渊源关系，不能隔断和孤立起来，应该作为一个整体来看待和保护。因此，2006年12月，国家文物行政部门在重设的《中国世界文化遗产预备名单》中，明确了大运河的概念，包括“京杭大运河”和“隋唐大运河”，这是一个完整科学的概念。

隋代大运河以洛阳为中心并利用既有河道开通，唐、宋、金、元各代均有改建并继续利用。自北向南，大运河分为永济渠、通济渠、邗沟和江南河道四大段，其中的永济渠和通济渠均以洛阳为起点，并流经河南西北与东南。近年来，隋唐大运河遗址的真实性和完整性已经通过考古调查、勘探、发掘逐步加以验证。其中柳孜集遗址的考古发掘和报告的出版引人注目。柳孜集位于安徽淮北市濉溪县，始建于东汉，隋、唐、宋三代曾是通济渠岸边的重镇，史称“柳孜镇”。1999年，文物考古工作者对柳孜集的隋唐大运河遗址进行考古调查，发掘面积900余平方米，发现一座宋代石筑码头，并在距地表5～6米深处，发现一批唐代、宋代沉船并出土了大量隋、唐、宋时期的瓷器。出土的8艘木质沉船，船与船之间距离很近，有的相互叠压。据文献记载，当年大运河上“公家运漕，私行商旅，舳舻相继”“运槽商旅，往来不绝”。柳孜集遗址码头和沉船的发现正是这段历史的真实写照，这些发现为研究运河文化、展示运河文明以及探索唐、宋时期的社会生活提供了宝贵的实物资料①。由此可见，隋唐大运河凝聚着厚重的历史文化信息，作为地下文化遗产宝库，它既是隋、唐、宋各时代的缩影，又是中国漕运史、商贸史、陶瓷史以及隋、唐、宋时代兴衰的历史见证，更是研究隋、唐、宋各时代政治、经济、文化的重要载体，值得全面深入研究和加强保护。

京杭大运河将海河、黄河、淮河、长江和钱塘江五大水系连成了统一的水运网，是我国历史上南粮北运、商旅交通、军资调配、水利灌溉等的生命线，也是贯穿南北的血脉。京杭大运河沿岸20余座城市的历史，就是一部部因水而生、因水而立、因水而兴、因水而名、因水而强的历史，就是一部部“除水害、兴水利”的历史。流淌了千年的大运河，见证了沿河历史性城市的成长与变迁，奠定了城市格局、拓展了城市空间、繁荣了城市经

①柳孜集遗址内出土的瓷器主要为唐、宋时期制造，来自寿州窑、吉州窑、景德镇窑、建窑、长沙窑、越窑、耀州窑、磁州窑、定窑、钧窑等在内的全国20多个不同的窑口；釉色有青釉、黄釉、白釉、黑釉、酱釉等；器种以碗为多，罐、钵、壶等造型各异，具有明显的时代特征，为研究唐宋时期陶瓷制作技术，以及陶瓷业的生产、运营及外销方式提供了实物资料。

济、丰富了城市文化。这些运河沿岸的城市，因傍依水系而充满了变化和生机，凭托运河这条黄金水道，经济得到流通，商品得到交换，文化得到传播。大运河不仅是一个规模庞大的航运工程体系，同时又是规模巨大的文化遗产廊道，沿岸文化遗产资源极为丰富，包括运河河道，运河上的码头、船闸、桥梁、堤坝等水工设施，两侧大量地下遗存的古遗址、古墓葬和历代沉船等，沿岸的衙署、钞关、官仓、会馆和商铺等相关设施，依托运河发展起来的城镇乡村，以及古街、古寺、古塔、古庙、古窑、古驿馆等众多历史人文景观和与运河有关联的非物质文化遗产，成为名副其实的“古代文化长廊”。这些建筑遗迹是那个时代依托运河所开展的经济生活、社会生活和精神生活的历史印记，是那个时代人们生存方式的空间符号，也是历史文脉延续的节点。

丝绸之路是迄今世界上规模最大的文化线路遗产。起始于汉代，大体完成于隋代，唐代仍延续着传统格局，宋代以后有了新的发展，是历经2 000多年，展现人类历史活动和东西方经济文化交流的载体。丝绸之路覆盖大半个地球，成为世界上最长的经济商贸之路、文化交融之路、科技交流之路，沟通了亚、欧、非各国各民族之间的联系与往来，成为古代东西方交流的大通道。根据目前的发现，考古学所展示的我国境内的丝绸之路，主要集中在三条路线上：一是由长安、洛阳经河西走廊至西域的“沙漠丝绸之路”；二是我国北部的“草原丝绸之路”；三是东南沿海的“海上丝绸之路”。

“沙漠丝绸之路”始于我国汉代的张骞出使西域（公元前2世纪），止于清朝中期（公元18世纪初）。其东起我国古都长安和洛阳[1]，在我国境内有4 000多千米，西经南亚、中亚直达欧洲，总长度达7 000多千米。由于“沙漠丝绸之路”的交通工具主要是骆驼，有限的承载量使得丝绸、茶叶这些比较轻便的产品成为主要货物。目前，我国学者确定了“沙漠丝绸之路”中国段的主要路线，即自长安、洛阳至西域的丝绸之路可分为两大段：自西安至敦煌、玉门关、阳关为东段，自敦煌、玉门关、阳关入新疆为西段（又称为西域段）。东段路线又分南路、北路和青海道。这三条路以南路为主，北路和青海道为辅。西段路线按时代和地域大致可分为三路：塔克拉玛干沙漠以南为南路，塔克拉玛干沙漠以北、天山以南为中路，天山以北为北路，最终分别从新疆的阿力麻里（今伊犁）和喀什嘎尔（今喀什）通向中亚，最远曾到达地中海沿岸的非洲古代埃及和突尼斯。西方文化与我国固有文化相融合，产生的文化继续向东传播，于公元8世纪时传到了当时的日本。

我国北方的“草原丝绸之路”，从新疆伊犁、哈密，经额尔济纳、呼和浩特、大同、张北、赤城、赤峰、朝阳、辽阳，东经朝鲜而至日本。这条路线是连接西亚、中亚与东北亚的国际路线。朝鲜和日本发现的4世纪以来的西方金银器和玻璃器等，大部分是通过这条横贯我国北方的“草原丝绸之路”输入的。“公元13世纪以后的元朝，和林、上都成为当时政治中心，北方草原丝绸之路向北移动。忽必烈统一全国建都大都之后，北京成为全国政

[1]关于沙漠丝绸之路的起点，徐苹芳先生认为：“长安为汉唐时代之首都，从公元前2世纪至公元10世纪，西安是丝绸之路的起点，这是被公认的历史事实。但是，在东汉、曹魏、西晋和北魏时期，洛阳也曾是当时的首都；隋唐时期洛阳作为东都，在8世纪中叶以前，其政治和经济上的重要性并不低于长安。因此，有人主张丝绸之路的起点应东延至洛阳。我们并不否认洛阳在中西文化交流史上曾起过重要作用，考古学的发现也证明了洛阳在中西文化交流中的重要地位，但作为丝绸之路的起点，西安的地位仍是不可动摇的。”

治中心；同时在直沽（天津）开展了海运，把中国北方草原丝绸之路与海上丝绸之路连接了起来，北京成为它的连接点，开创了中国丝绸之路的新局面。”①

“海上丝绸之路”一般被认为始于汉、兴于唐，盛于宋、元。史实证明，我国的丝绸连同养蚕、缫丝、织绸等生产技术，早在周、秦时期就已经通过海路传播到朝鲜，到汉代又从朝鲜传到日本。同时，在汉代丝绸作为商品也传播到东南亚和南亚的一些国家②。而从考古学上所见的海上丝绸之路，已远远超出文献记载，“早在公元前5世纪前后，中国丝绸就开始流传海外，其生产经验和技术也随之传播四方，东经朝鲜半岛至日本，北越阿尔泰山脉至俄罗斯腹地，西经中亚到西亚，再传至欧洲，西南则输入印度，尔后通过海路传遍东南亚，并远及欧洲、非洲、拉丁美洲，有力地促进了世界文明和科技的发展③。”“海上丝绸之路”与陆地丝绸之路不同，它以对外港口为基点，其发展取决于造船和航海技术的进步。在宋代，沙漠丝绸之路曾被西夏政权切断，海上丝绸之路的地位则进一步上升，在历史上第一次取代了沙漠丝绸之路的“统治地位”。特别是宋高宗时期组建舰队，改善港口，在海岸线上每隔30里建立灯塔导航设施系统，中国进入海外贸易的黄金时代。明代大航海家郑和从1405年至1433年曾先后7次率船队远航，经历了30余国，最远到达非洲东岸和红海沿岸港口，每到一地都以中国的丝绸、瓷器等物换取当地的特产或馈赠当地的国王。

---

①徐苹芳：《考古学上所见中国境内的丝绸之路》，载《燕京学报》，1995（1）。

②据汉书·地理志记载，汉武帝时我国海船就从雷州半岛出发，运载大批丝绸，途经今越南、泰国、马来西亚、缅甸等国，远航到印度半岛南部的康契普拉姆（Kanchipuram），换取上述国家的珍珠、宝石等物产，然后，从斯里兰卡途径新加坡返航。这是我国丝绸作为商品外传到上述国家的最早记录。

③徐苹芳：《中国丝绸通史（序二）》，苏州，苏州大学出版社，2005年。

我国的文化线路遗产具有资源丰富、种类多样的特点。其所涵盖的类型众多，所反映的人类活动形式丰富多彩，既有各自地域的特点，也有相互交流和交融的历史积淀，构成多种文明荟萃、不同文化融合、各种宗教并存的一座座历史文化长廊。究其内容又可分为交通要道、军事要塞、商旅驿站、水利工程、贸易通道、宗教文化等不同主题。

秦始皇统一六国之后，倾全国之力兴建了两大工程，一个是长城，另一个就是秦直道。秦直道的工程规模、工程难度可与秦长城媲美，是我国境内保存下来的为数不多的古代交通“直道”遗址。史载秦始皇继位第二十七年（公元前220年），下令在全国范围内“治驰道”。“道广五十步，三丈而树，厚筑其外，隐以金椎，树以青松”，形成以咸阳为中心，向东、西、南、北及东南辐射的驰道网。继修筑驰道之后，秦始皇又下令修筑具有战略意义的“直道”。“‘直道’较‘驰道’线路直，拉近了地域间的距离，能较快到达目的地，故相对于‘驰道’来说，这种具有军事功能的‘直道’，可称为当时的‘高速公路’，可见，至迟到秦始皇时，建筑道路已被国家纳入其行政的重要措施，具有宏伟之规模。”[1]关于秦直道的记载，最早见于《史记》。司马迁在《秦始皇本纪》中记载：“三十五年（公元前212年），除道，道九原，低云阳，堑山堙谷，直通之。”[2]该项工程北起九原郡（今内蒙古包头市西）的阴山脚下，南抵秦都咸阳附近的云阳（今陕西淳化县北），全长700余千米，道路大体南北相直，路面平均宽度大约30米，工期两年多，为便于大队车马快速通行，秦直道修筑

①张忠培：《三峡古栈道·序》，4页，北京，文物出版社，2006年。

②高平：《秦直道：世界上最早的“高速公路”》，载《光明日报》，2005-10-09。

得既直又平。因而必须“堑山堙谷”，逢山开山，遇谷填谷，工程规模之大，工期之短，世所罕见①。

我国是世界上古代栈道分布最为密集的地区，其在陕西南部、四川、重庆、云贵高原等地有着广泛的分布。“中国建筑栈道始于何时？史载秦惠王建‘石牛道’以开发巴蜀，秦昭王又修‘栈道千里于蜀汉’，秦惠王、秦昭王分别在位于公元前4世纪晚期和公元前4世纪末期及公元前3世纪前半，时值战国时代。”②可见在我国先秦时期，栈道构筑技术已经成熟。秦汉时期大规模开辟栈道，以加强与西南巴蜀滇黔的联系，这一举措对秦、汉帝国的统一和巩固也起到了重要的作用。许多栈道绵延于深峡绝谷之中，其中长江三峡地区的瞿塘峡栈道环境险恶，工程浩大，许多地段是在临江绝壁上开凿出的可以供人行走的石槽道。大宁河栈道，分布长度达80千米以上，存有数千栈孔，是我国目前保存最完好、规模最大的古栈道群。无论是瞿塘峡栈道还是大宁河栈道，都是古代道路建筑史上的壮举，交通史上的奇观，是线型文化遗产中的精华。剑门蜀道，位于四川广元、剑阁，以剑阁古城为中心，全程200余千米，现遗存朝天峡栈道遗址和150余千米的完整古驿道。该遗址始于战国，衰落于元、明。驿道由青石板铺道，存有剑溪桥、石垭桥等四座古桥，以及护险砭、门槛石等交通道路设施。剑门蜀道是自然与人类创造结合为一体的文化奇观，也是古代交通史上具有典型性、代表性和特殊性的线型文化遗产。褒斜栈道，位于陕西太白，长约235千米，因秦岭山脉中一条贯穿关

①目前，秦直道全程保存比较完好的一段在东胜境内，该段路面残宽22米左右，高1米到1.5米，四个豁口遥遥相对，连成一线，在丘陵起伏的黄土高原上，隐隐展现出当年“堑山堙谷，直通之”的壮阔气势。

②张忠培：《三峡古栈道·序》，4页，北京，文物出版社，2006年。

中平原、汉中盆地的山谷，其南口曰褒，北口曰斜，故名。早在战国时代人们即在山谷中凿石架木，修筑栈道，历代踵继，多次增修。汉武帝时期又大加修凿，出现了“栈道千里,无所不通”的盛况，成为古代由关中穿越秦岭、巴山通往蜀地的咽喉要道。黄河栈道，始建于东汉，分布于山西平陆三门砥柱以东的深山峡谷之中，由西向东，散布于13个村庄。栈道多先依山腰向内开凿通道，再在通道岩石上开凿方形壁孔、牛鼻孔、底孔等，再插以方木，形成完整的栈道。现存栈道遗迹20余处，累计长3 000余米，对研究古代黄河漕运史、交通史等具有重要意义。

军事要塞遗址，往往是因功能需要而形成的连续的或断续的文化线路遗产。其中一些军事设施由于时代久远，只留下了残存的片段遗存。孔雀河烽燧群，始建于公元前1世纪，位于新疆尉犁境内营盘古城到库尔勒之间的孔雀河故道旁或山坡地上，分布于长约150千米的地段内。现存有11处烽燧遗迹，其间距5～10数千米不等，用夯土和土坯筑成，为汉晋时期丝绸之路楼兰古道上的重要军事防御、情报通信的设施，对研究汉晋时期西域的历史、文化和交通等具有重要的意义。牡丹江边墙位于牡丹江、宁安，分别包括牡丹江边墙、镜泊湖边墙、江东边墙，总长度达90余千米。其始建于渤海国时期，辽至金末亦有沿用，其修筑方式有土筑、石筑、土石混筑三种。目前边墙遗迹、遗物十分丰富，土筑或石筑的马面、居住坑、箭眼等多有分布。牡丹江边墙是具有古代长城性质的重要军事设施遗存，民族和区域特点鲜明，对研究地方史、民族史具有十分重要的历史和科学价值。金界壕，是金代为防御蒙古骑兵侵犯而修筑的军事防御工程。一路在大兴安岭西北黑龙江沿岸，另一路东北起自嫩江右岸，西南抵大青山之北。金界壕掘土为壕，堆土为墙。在不同的区段有单线和复线之分，马面一律紧附主墙的外缘，为土石结构。与金界壕相关联的边堡、关隘、城址都分布在界壕的内侧。界壕所采用的依势而建、多重屏障的建构方式以及边堡与界壕相倚而立的防御布局，为研究我国古代军事史提供了重要资料。柳条边，横跨辽、吉两省，始建于清崇德三年（1638年），至康熙二十年（1681年）陆续完成，是清王朝为了保障陪都盛京在政治、经济上的特权和利益，而修筑的一道“边墙”，其目的是禁止汉、蒙民众流入其地进行开发、樵采、放牧和垦荒。柳条边南起丹东，经凤城、新宾，到开原，再向西南到山海关与长城相连，全长1 320千米，底宽3～13米，顶宽2～5米，残高5～8米，掘壕于外，筑堤于内，堆成土堤，上插柳条。目前位于沈阳新民、抚顺清源、锦州黑山等地的部分遗存状况较好。“二十四道拐”抗战公路，位于贵州晴隆，属原黔滇公路的一段，全长4 000米，始建于1927年，1936年竣工。第二次世界大战期间，国际援华物资需经滇黔公路“二十四道拐”盘山公路后，方能运到抗日前线或“陪都”重庆，是我国与盟国的唯一战略补给线上的咽喉要道，也是远东战区西南国际大通道的标志性场所，具有重要的线型文化遗产价值。

邮驿在我国已有3 000年的历史，被看作我国古代文明的“国脉”，对社会进步与稳定有着极其深远的影响。远古时期，通信曾以“击鼓传声”和“烽燧”烟火方式传递。奴隶制国家建立后，出于交流各种信息的目的，建立了驿站，作为传递文书中途换马和休息之所，通过人、马接力传递紧急书简，实行有组织的邮驿制度。邮驿不仅是历代封建王朝的御用通信工具，而且也是有组织管理、有计划部署的官方主管部门，同时还兼备部分民间通信职能。今天，历史久远的“烽燧”“驿道”“驿站”“驿城”等共同构成了重要的线型文化遗产。鸡鸣驿，位于河北怀来，距京百余千米，是我国现存最大的古代驿站遗址之一。该驿站始自元代，距今已有700多年历史，明、清时期曾是京城通往西北的重要中转站，承担军驿、民驿两种功能，直到1913年北洋政府撤销全国驿站，开办邮政局，鸡鸣驿才结束了原有功能。现存驿城近似正方形，城墙周长近两千米，高11米，城内遗存驿丞署、总兵府、校场、驿学、商铺、马号和大量民居等。井陉古驿道，素有“燕晋通衢”之称。驿道入河北井陉后分为南道和北道，途经32个村庄，遗存路面分为土路和石路两类。其中明清时期修筑的近2 000米驿道保存较好，为研究明清驿站、递铺设置及清末驿务史提供了重要资料。独松关古驿道，是古代临安至建康的陆路捷径，也是兵家必争之地，明代前即在此设有驿站。现存安吉双溪口关上村至余杭独松村段，路面由卵石铺砌，尚存古桥4座，较好地保存了古驿道历史原貌，具有重要的线型文化遗产价值。梅关和古驿道，位于江西大庾岭山脉中部，唐开元四年（716年）开凿，明成化十五年（1479年）重修并完善，是我国古代中原通往岭南的主要通道和重要关隘。古驿道全长12.5千米，现较完好保留1875米，宽3至7米，是我国江南保存最为完整、线路较长的古驿道，在政治、军事和交通史上，具有较高研究价值。

由大规模引水或防洪等水利工程构成的文化线路遗产，在我国分布广泛。灵渠，位于广西兴安，开凿于秦始皇24—32年（前223—214年），由铧嘴、大小天平、南渠、北渠泄水天平和陡门组成。灵渠沟通湘漓二水，联系长江与珠江两大水系，长37千米，主要设施是在湘江中用石叠砌成铧嘴状的分水工程，把湘江水分成南北二渠，分别注入湘江和漓江，在渠道水浅流急处筑陡门，是我国古代著名水利工程之一。通济堰，位于浙江碧湖平原，始建于南朝，自宋、元至清，历代多次续建整修。工程由拱形大坝、通济闸、石函、叶穴、渠道、概闸及湖塘等组成。筑大坝横截松荫溪，建通济闸引水入渠，架石函以消除沙石冲积，开叶穴直通瓯江以排淤泄洪。其中干渠长22.5千米，分支渠48条，毛渠321条，大小概闸72座，并多处开挖湖塘以储水，形成以引灌为主，兼顾储泄的竹枝状水利灌溉系统。盐官海塘，位于浙江海宁，全长1 100米，为条石海塘，工程结构复杂，具有重要历史价值和工程技术价值。现存鱼鳞石塘始建于清乾隆元年（1736年）。遗存建筑包括天风海涛亭、占鳌塔、中山亭、镇海塘铁牛等，海神庙则为江南地区最大的敕建官式建筑遗存。红旗渠，位于河南林州，于1969年7月竣工，包括总干渠、干渠、分干渠、支渠和斗渠，全长1 525千米，流经410个行政村，其中总干渠长70.6千米。同时沿渠修建水库48座，塘堰346座，提水站45座，小型水力发电站45座，渡槽152个，隧洞211个。年引水量2.8亿立方米，有效灌溉面积54万平方米，解决了67万人口和3.7万头家畜的饮水问题，被民众称为“生命渠”“幸福渠”。红旗渠科学利用地形地貌，采用自然落差，使引水、蓄水、排水、灌溉的综合效益得到全面发挥，是我国水利工程史上的典范，也是人民自力更生、艰苦创业精神的体现。

在丝绸之路、大运河所带来的持续的跨区域的贸易交流等因素的影响下，商贸通道在全国各地广泛分布，有力地促进了商品交易和文化交流。茶马古道，是从唐代到19世纪五六十年代滇藏、川藏公路修通之前一直存在着的，是以人背马驮的运载方式，从云南和四川茶叶产地出发，穿越横断山脉以及金沙江、澜沧江、怒江、雅砻江向西延伸，覆盖云贵高原和青藏高原，通往喜马拉雅山南部南亚次大陆的贸易通道。随着茶文化和藏传佛教的兴起和传播，随着茶马互市的开展，这条古道成为宗教文化以及沿途20多个少数民族文化传播交流的走廊，成为连接多民族的经济文化纽带。崤函古道，位于三门峡陕县境内，南临崤山，北近黄河，东出汉函谷关达古都洛阳，西经秦函谷关、过潼关通往西安。“崤函古道处于中华文明发祥的腹地，自古以来即为交通要塞，又由于处于西安和洛阳两京之间，有‘两京锁钥’之称。”① 古道遗址位于唐代诗人杜甫写下的不朽诗篇《石壕吏》的石壕村西侧山梁上，虽经风雨剥蚀，依然清晰可见。现存典型遗迹长约150米，路面宽3至6米，车辙宽约1.06米，路段局部尚留有人工钢钎凿刻的痕迹。2007年，崤函古道遗存被列入“丝绸之路”申报世界文化遗产推荐名单。徽州古道，是从安徽通往江西的跨省古道，始建于唐代，兴盛于明清，全程达200千米，其重要地位应与徽杭古道相当，也是当时的“国道”，主要用于运送食盐、茶叶和粮食等物资。数年前，人们在皖南石台的深山密林中，发现了保存状况较好的徽州古道遗存——榉根关古徽道。古道全长7.5千米，古道石板全部采用长约1.5米、宽0.6米、厚0.2米的五彩石，“古道以清一色的青石板铺就，从青石板磨损的程度上看，古道上流走货物又何止千百万之数？古徽商称雄商界300余年，赢得了‘无徽不成镇’的美誉，成为中国经济发展史上一道独特的风景。”②这是一处人文和自然景观相互融合，极具保护价值的线型文化遗产，也是研究徽文化的重要载体。

①侯俊杰：《路有所思》，载《中国文物报》，2007-12-12（3）。

②张武扬：《徽州古道“会”徽商》，载《人民日报（海外版）》，2007-12-19（6）。

在我国，宗教信仰的传播形成了诸多文化线路遗产。泰山盘道，辟建于汉代，历代重修，现存大部为明代修建，系古代帝王为封禅泰山举行祭天仪式所修建的登山御道，沿途建筑多为历代帝王的斋沐、驻跸之所，或创建于汉魏或创建于唐宋，元、明、清历代均有修建。泰山中路全长9千米，盘道占8千米，建筑或跨盘道而建，或构筑于盘道之侧。此外，沿途还有众多的亭、坊、桥等单体石构建筑和大量历代碑刻、摩崖石刻，为研究我国古代历史和书法等提供了重要而丰富的实物资料。豫晋“朝拜之路”，历史悠久，是从河南汴梁，入山西经泽州（今晋城）、潞州（今长治），过太谷抵太原的交通干线，为唐代以来自东都洛阳朝拜五台山的干道，这条文化线路带动了沿途佛教寺庙的兴建和佛教信仰的传播。宋太祖建隆三年（962年）北宋朝廷出资整治此路，使之不仅成为交通运输的通道，同时也成为国家政令、宗教信仰交流传播的要道。昭山古蹬道，位于湖南湘潭，始建于乾隆四十二年（1777年），当年昭山香火鼎盛，前往进香的游客、香客众多，上山极为不便，后由潭、善二邑绅士捐资修建，至嘉庆六年（1801年）完成，前后达25年之久。古道全长1 314.2米，共1 947级，耗用花岗岩5 000多块，贯穿昭山前山与后山，沿途风景秀丽，清凉雅静。

我国的文化线路遗产具有功能持久、生命力强的特点。例如大运河是我国文化线路遗产的重要组成部分，其客观存在是人类社会进步、经济发展、文化交流的重要体现。大运河流淌的文明滋养着相关地域的传统文化，构成沿岸人类生活的真实记载。千百年来，大运河一直是我国重要的水利工程，从历史上的“南粮北运”“盐运”通道到现在的“北煤南运”干线以及防洪灌溉干流，这条古老的运河在我国的经济社会发展中发挥了巨大的作用。至今山东济宁以南的京杭大运河仍在通航，济宁以北则已断流，但有的段落还在发挥着行洪、灌溉、输水、排污等水利和市政功能。大运河的千年流淌，造福了一方百姓，给民众带来了舟楫之便、灌溉之利、鱼虾之裕和交流之畅。可以说,大运河是“活着的、流动着的文化遗产”。目前，“大运河作为‘活态遗产’的现代功能可以概括为：航运功能，输水功能，生态功能，旅游功能。此外，对于大运河作为‘活态遗产’的功能，不仅应考虑它的过去与现在，还应尽可能考虑它的未来，考虑它可能出现的新功能以及新的功能排序。”[①]

作为典型的线型文化遗产廊道，应将大运河文化资源的保护置于首位，同时关注经济功能的发挥和生态系统的维护，使文化资源、经济功能和生态环境三者并举。“我国遗产界对遗产功能的研究，往往重于静态遗产，而疏于活态遗产。一般来说，活态遗产比静态遗产有更多和更复杂的功能。”[②]大运河不仅是一条河，也是一条涉及交通、运输、水利、地理、历史、生态等诸多方面的文化廊道。大运河遗产保护是一项超大型的保护工程。据不完全统计，大运河沿线6省2市有文物遗存654处。其保护工程规模，维修技术方案的多样性与复杂性，都是我国文化遗产保护工作中前所未有的。大运河沿线的众多城市，分布在不同的水系流域，经济状况不同，管理水平各异，文化遗产的保护现状和存在问题也不尽相同。同时，大运河作为线型文化遗产，其功能随着

①徐嵩龄：《大运河申报世界遗产对我国遗产科学建设的挑战》，载《中国文物报》，2007-12-14（8）。

②徐嵩龄：《大运河申报世界遗产对我国遗产科学建设的挑战》，载《中国文物报》，2007-12-14（8）。

沿途历史地理环境的变化，随着流经地区经济社会发展状况的变化，始终发生着变更和调整，需要更加深入地研究。千里运河，千年漕运，孕育出丰富无比、千姿百态的大运河文化，现在所揭示和认知的仅仅是其表层和局部，更多深层次的文化内涵，还有待人们去认识和发掘。

与大运河延续的造福人类的功能相同，分布于各地的其他古代水利工程遗存至今仍然发挥着不可替代的作用。例如洪泽湖大堤，其位于江苏淮安，古称高家堰、捍淮堰，于东汉建安五年（200年）筑“汉堰”约15千米；唐代增修“唐堰”；明永乐年间增筑土堤，后开始增筑直立式条石石工墙，至清乾隆十六年（1751年）基本告成，全长70.4千米。目前大堤主体虽然被埋没，但是保存至今仍可再现的石工墙基本完好率在74%。大堤历经1 800多年的维修、保护、增筑，凝聚了历代民众的智慧，是淮河中下游地区3 000多万人口和10多座城市的防洪安全屏障。镇海堤，位于福建莆田黄石镇的东甲、徐厝、遮浪、东洋、东山五个村的海滩上，全长3.4千米，全部石砌。唐元和年间（806—820年）始建，历代维修，历经数以千次计的台风、暴雨、海潮、洪水等灾害的严峻考验，至今保存完好。海堤守护着330多个自然村的27万人口以及22.5万亩耕地的安全，是南洋平原作为莆田鱼米之乡的坚实保障。槎滩陂，位于江西泰和南灉水上游，集雨面积1 070平方千米，创建于后唐，已有1 050年的历史，至今尚在使用。槎滩陂以木桩定位，用竹条编织竹笼装石填压成陂身，以横江遏水，陂旁另开泄洪渠道，令其既蓄水又防洪，又在滩下3千米处采石筑小陂分水灌溉，名曰碉石。槎滩陂坝长400多米，坝身高4米，坝顶宽近8米，坝脚宽约20米。建有滚水坝，溢流堰，竹筏道；分水鱼嘴，进水闸，节制堰；有泄水闸，分水闸，跌水闸等38座闸，还建有倒虹吸管一条、穿山隧洞一个，大、小渡槽250多座。南北干渠和东延干渠总长近40千米，灌溉泰和、吉安两县的稻田40平方千米（600顷）。

我国境内的“沙漠丝绸之路”是长期以来在国内交通路线上形成的，由于外国商旅贡使经常沿着这一路线往来，而逐渐成为带有国际性的旅行路线。流通在“沙漠丝绸之路”上的商品中，最受欢迎的是我国的丝绸，西方各国的玻璃器皿、珊瑚、琥珀、植物新品种等也源源不断地传入我国。“在丝绸之路沿线发现了许多外国输入的遗物，诸如东罗马（拜占庭）和阿拉伯金币、波斯萨珊银币、东罗马和萨珊金银器、首饰，罗马、萨珊和伊斯兰国家的玻璃器，以及中亚织做的‘波斯绵’，等等。特别是在文献上没有记载的情况下，这些考古发现在研究丝绸之路方面便有重要的意义。”[①]当时，通过丝绸古道传播的并不仅仅只有作为文化载体的商品，还有政治制度、科学技术、文学艺术、音乐舞蹈、宗教信仰、语言文字、风俗习惯、书法绘画、医药医学等等。因此，可以说丝绸之路是古代东西方之间经济、文化交流的重要桥梁，在把古代的中华文化、印度文化、波斯文化、阿拉伯文化和古希腊文化、古罗马文化连接起来，促进东西方文明之间的交流方面，发挥了极其重要的作用。丝绸之路沟通、联结了长安与罗马，使这两个当时世界东、西方的文明中心交相辉映，在世界文明发展史上具有深远的影响。保护这一历史过程遗存下来的珍贵文化遗产，将会促使我国与世界进一步相互了解、交流协作，促进国际间的文化交流和民间的友好往来。

①徐苹芳：《考古学上所见中国境内的丝绸之路》，载《燕京字报》，1995（1）。

另一方面，我国唐宋时代的瓷器，不但在中亚、南亚和东南亚各地普遍被发现，远至西亚、北非也都有中国瓷器的遗存。从在世界各地发现的分布情况可以看出，绝大部分中国瓷器是由“海上丝绸之路”运输的，从这个意义上来说，将“海上丝绸之路”称为“海上瓷器之路”，也是十分恰当的。目前，丝绸之路上保存完好的线路形式多已不存，然而沿线至今仍生活着一些少数族群，以他们的形体基因、语言文字、文化特质、衣着妆饰、生活方式、传统技术、村镇结构、建筑形式、礼仪习俗、宗教信仰、文学艺术等为特征的民族民间文化和非物质文化遗产至今犹存，揭示出东西方不同民族、不同文明之间交流互动、共存共荣的历史过程。因此，虽然清晰的线路形式逐渐模糊，但是通过深入发掘精神层面的文化内涵，文化线路遗产的突出价值，可以在物质与非物质文化遗产保护中得以复兴。

三、保护文化线路遗产的时代意义

文化线路遗产往往首尾相连千百里，形成历史千百年，是一条条见证我国五千年文明史的文化长河，是一部部展示中华传统文化的百科全书。这些具有丰富文化内涵的线型文化遗产，是我国珍贵的文化财富和人类共同的文化遗产，今天它们仍然在发挥着难以估量的广泛作用，这也是其他文化遗产类别难与比拟的特点、功能和价值。因此，加强文化线路遗产的保护，有利于对文化遗产集群的抢救，展示其深厚的文化底蕴，再现“文化长河”“百科全书”的丰富文化内涵，延续城市文脉。

当前，文化线路遗产保护面临着前所未有的挑战与机遇。沿线民众文化遗产保护意识在不断增强，经济发展带来了更多保护方面的资金投入，为线型文化遗产保护提供了有利机遇。但是，在城市化加速发展和大规模城乡建设过程中，线型文化遗产尤其是大型线型文化遗产的保护也面临着日益沉重的压力，已经成为文化遗产保护的一项重大课题。今天，文化线路遗产整体保护工作虽然已逐渐引起重视，但仍需要进一步深化价值认识，协调保护管理机制，运用先进理念实施整体保护。

首先，文化线路遗产的整体保护状况令人担忧。总体来说，文化线路遗产保护的各项基础工作相对薄弱。文化遗产资源家底不清，缺乏有效的法律依据和支持；保护管理、综合整治、合理利用等方面缺乏统筹协调，缺少具有战略视野的总体保护规划；针对文化线路遗产保护的科学研究不够深入，对文化遗产内涵的认识、对保护对象和范围的认知等方面均存在较大差异。同时，气候变化、环境污染等整体环境恶化，导致文化线路遗产面临生存威胁，文物本体不同程度地存在着水患、风化、腐蚀等威胁。例如大运河的保护现状不容乐观，由于上千年的历史变迁和几百年来的取直疏浚，各段河道在不同历史时期都发生过变化，尤其是全线河道漫长，各河段高低不一，淤积湮涸常有发生。除有历史上的洪水决口、泥沙堵塞、水量减少等自然原因，更有管理不善、乱开支渠、截流用水等人为原因，再加上污水处理设施不完善，监督管理不到位，一些地区甚至把未经处理的污水直接排入大运河，致使水质不断下降，生态环境恶化，自然和人文景观损毁，旅游和休闲功能衰退，文化遗存不断消失，毁旧建新等现象时有发生。

其次，城市化快速发展给文化线路遗产保护带来挑战。伴随着城市化的进程，不少大运河沿岸城市古桥纵横、河埠林立、古屋比邻、商铺连绵、巷弄贯穿的运河风光已成记忆。而南水北调工程建设对京杭大运河文化遗产的各种元素、环境风貌、生态系统又是一次较大的人工干扰，大规模建设对文化遗产本体构成现实威胁，城市化带来沿河居民思想观念、文化传统、生活方式的急剧变化。在资源利用上，人们只注意“黄金水道”内河货运量的增长与否，却很少关心运河文化对生态环境、特色风貌、建筑传统等的巨大影响。同时，作为流动着的传统文脉，大运河承载着千百年的文化积淀，附载在大运河两岸的民族民间文化、地方戏曲、民间传说和民风民俗等非物质文化遗产，也由于缺少详细调查和保护措施，有逐渐销声匿迹的危险，没有了故事的大运河将逐渐失去魅力。一些地方不注意对文化资源的积极利用，未将城市规划建设和文化资源保护齐举并重，没有树立长远战略眼光来推动线型文化遗产的保护。一些地方为了吸引游客，在线型文化遗产的保护范围和建设控制地带内，大量修建旅游服务设施，还有的盲目修建索道、滑道、射击场等设施，以及大量商业网点、宾馆、别墅等，超载开发使文化遗产地不堪重负，人工化、商业化、城市化的现象十分严重，破坏了线型文化遗产的生存环境，引起社会各界的严重关注。

第三，一些基础设施建设使文化线路遗产的整体性遭到破坏。交通道路、市政管网、水利工程的建设，往往使文化线路遗产在区域范围内被切割得四分五裂，对其生存构成严峻威胁。例如近年来，省级道路、乡镇道路、企业自建道路，对长城的破坏十分严重。2003年春，陕西省定边县从靖王高速公路修建的3条引线公路，从明长城遗址“穿城而过”，将长城“撕”开3个30~40米宽的大豁口。据不完全统计，陕西境内的长城，因修路被挖开的豁口至少有30～40处。电力、通信、天然气管道的建设，以及工业生产、农业灌溉、林木种植、矿业开采等，都经常对文化线路遗产造成损毁。不少地方在遗址内乱建设施，竖立电线杆，架设高压线，敷设市政管线，各种地质、水文标志更是随处可见。长期以来，一些大、中型水库的修筑，对文化线路遗产造成了更为严重的影响。“2003年年底，长江三峡水库水位升至139米。而三峡古栈道，包括其中最为险峻、壮观的瞿塘峡栈道，最为古老、完整、神秘的大宁河栈道的重要路段，已经淹没于139米水位线下。”①“三峡地区的栈道，或已被淹没，或即将淹没，人们再也见不到那上接青冥，下临深渊，云生马头，猿啸道旁，穿越峻峡绝壁的栈道了，感悟不到这栈道奏响的而使我们心灵产生强烈震撼的英雄交响曲。”②

第四，不合理利用使文化线路遗产的真实性遭到破坏。在破坏长城的诸因素中，传统看法认为生活生产性破坏为第一位。近年的调查结果显示，目前旅游开发性破坏上升为第一位，以下依次为建设性破坏、修缮性破坏、自然因素破坏和生活生产性破坏。世纪之初，一些地区兴起大规模长城旅游开发热。在对长城沿线各省、自治区和直辖市进行的调查中，已经列为旅游景点的长城段落，总数达230余处。其中河北、北京两省、市最多，有130余处。长城沿线一些地方政府，在没有经过审批程序，没有相应配套规划，没有规范的管理措施和技术指导的情况下，个人、集体、旅游部门一起上，数十里即开辟一处长城旅游景点，造成损害长远利益的严重后果，甚至发生毁灭性破坏的现象。在文化线

① 王川平：《三峡古栈道·序》，6页，北京，文物出版社，2006年。

② 张忠培：《三峡古栈道·序》，5页，北京，文物出版社，2006年。

路遗产的保护修缮工程中，对文物本体的破坏突出表现为改变原位置、原形制、原工艺、原材料的要求，在一些修复、加固和复建过程中，违反“不改变文物原状”的原则，损害了文化线路遗产原有的历史信息。例如宁夏灵武市某长城风景区在开发中，将土筑长城改建为砖砌长城；山东省章丘市某度假区对齐长城进行了“改造性复建”，致使长城本体面目全非。

第五，缺少国家层面行之有效的文化线路遗产协调机制。目前，文化遗产保护管理体制分散，综合整治、合理利用等缺乏统筹协调。例如大运河作为航运水道，在管理体制上，一直由各地水运局或交通局分段管理，其必然的结果是，根本不可能从整体上关注沿线的文化遗存，而文物部门始终未能主动介入对大运河的监控。许多文化线路遗产位于风景名胜区、森林公园、地质公园、自然风景区、自然保护区、旅游风景区范围内，分别归各地建设部门、国土资源部门、环境保护部门、旅游部门管辖，机构重叠交叉，重经济效益而轻文化内涵，形成对线型文化遗产开发无序和管理混乱的局面。近些年，一些省、市、县政府提出“谁投资、谁受益、谁承担风险”的“招商引资”政策，加快所谓投融资体制改革，致使一些地方政府和主管单位，在旅游开发中依据这些政策制定“所有权、经营权、受益权分离”的政策，鼓励将一些文化遗产交由企业经营，错误地将市场经济模式引入公益事业，造成文化线路遗产保护、管理、利用的混乱。

近年来，我国加强了对长城、大运河、丝绸之路等大型文化线路遗产的整体保护研究，并开始了保护实践探索。2005年国务院批准了由国家文物部门组织编制的《“长城保护工程（2005—2014年）”总体工作方案》，对长城资源调查、长城保护立法、长城保护规划编制和长城保护抢险修缮等方面做出了系统的安排。2006年5月，京杭大运河被列入国务院公布的第六批全国重点文物保护单位名单。同时，京杭大运河保护与申报世界文化遗产的系列考察和研讨活动陆续展开，有关部门、专家学者和京杭大运河沿线城市政府一致认为，保护京杭大运河这条人类历史上伟大的文明长河，是保障可持续发展千秋伟业的盛举，也是中国人民为人类文明进步所应做出的承诺和贡献。2006年12月，依照世界遗产委员会评审世界遗产的工作程序和规程，国家文物部门完成了《中国世界文化遗产预备名单》重设工作，将“大运河”列入其中。2007年9月，在中国世界文化遗产专家委员会考察评估形成推荐意见的基础上，国家文物局确定了丝绸之路联合申报世界遗产第一批申报推荐项目名单①。目前，联合国教科文组织世界遗产中心正在和我国政府一起，进一步推动与中亚地区相关国家和地区合作，将丝绸之路早日提名列入《世界遗产名录》。丝绸之路有望成为我国首个与他国联合申报世界文化遗产的项目。以上保护实践的探索，深刻揭示出保护文化线路遗产的时代意义。

一是有利于整合文化遗产资源。文化线路遗产保护标志着世界文化遗产保护领域的发展趋势。近年来，文化遗产的概念不断扩大，由单体文物到历史地段，再至整座城镇，进而兼及文化景观、遗产区域，乃至串连几座甚至几十座城市、一个或多个国家的更大文化区域，形成跨族群、跨时代、跨地域、跨文化的庞大文化复合体。例如“沙漠丝绸之路”在我国境内就涉及河南、陕西、甘肃、宁夏、青海、新疆等地的数十个城市和地区，在沿途留存有十分丰富、珍贵的文化遗产。加强文化线路遗产保护有利

①我国第一批申报推荐项目名单包括48处。其中河南省5处，陕西省12处，宁夏回族自治区4处，青海省4处，甘肃省11处，新疆维吾尔自治区12处。

于整合文化遗产资源。特别是文化遗产资源丰富的国家，可以通过确立整体项目，实施综合保护，通过以线涵点，即以线状区域内保护行动的展开，带动区域范围内保护水平的提升。文化线路遗产覆盖的地域往往比较广阔，沿线及两侧范围内，相关的文化遗产，都可以统一纳入整体保护行动之中，这样既有利于国家保护措施的宏观调控，又有利于各种社会资源的集中使用，不失为一种高效的保护策略。线型文化遗产往往是出于人类的特定目的而形成的重要文化纽带，它们将一些相互关联的城镇或村庄串联起来，构成链状的文化遗存状态，真实再现历史上人类的迁徙与活动，物质和非物质文化的交流与互动，并赋予文化遗产载体以更深刻的人文意义和文化内涵。整体保护文化线路遗产，更加强调根据文化遗产的构架与体量特点，形成行之有效的系统保护方法，较之分散的点状保护，效果更好，影响更大，易于探索普遍规律，形成科学方法，有利于不断深化保护的内涵。

二是有利于提升文化遗产价值。文化线路遗产更加强调空间、时间和文化因素，强调线型遗产各个节点共同构成的文化功能和价值，以及至今对人类社会、经济可持续发展产生的影响。例如长城的起源，虽与抵御匈奴等外族侵犯有关，但它的修建却体现了阻止战争、消灭战争的客观意义，其在秦汉时期以至以后数代所起的作用无可比拟。秦直道的建设则加快了中央政府与北方各地的联系，保证了政令畅通，对我国民族团结发挥了重要作用。因此可以说，把长城和秦直道作为线型文化遗产加以整体研究和保护时，其文化遗产的价值就得到了提升，而不仅仅被看作防御工程或交通要道，其更是边疆和平、国泰民安、民族融合的象征。线型文化遗产的意义还在于它们往往是精神观念之路、文化传播之路、制度风俗之路，文化层面的深度意义使线型文化遗产更具渗透性、辐射性和长久性。“当今居住在地球上各个角落的人们的信息传递，经济、文化、政治的交往，已基本上冲破了自然的险阻和人为的障碍，将人类紧紧地联结在一起。人们愈益忧戚与共，地球愈来愈是一个牢固结合的村子。这一状况之得以呈现，是自有人类以来陆、水、空交通与通信技术的积效发展的结果。”①

例如三峡地区的古栈道并不仅仅是一条沟通南北的交通道路。在历史上，它曾经沟通了关中、巴、蜀、楚等四大文化区域，对研究我国古代文化、科技、商业、航运业、盐业的发展演变，都具有重要的学术意义。同样，在漫长的历史时期，丝绸之路远远不只是向外传播丝绸产品的通道，随着贸易交流的发展，也把我国古代的各项科学成果，如指南针、火药、造纸和活字印刷术、瓷器、医学、中草药等，传播到世界各地，同时把世界各地的特产，如珍珠、宝石、犀角、象牙、香料等物品，沙金、白银、黄铜等矿石，棉花、龙眼、缅茄等经济作物，以及从南美引入的玉米、番薯、烟草、花生、向日葵、土豆、西红柿等新品种传到我国。这种发明创造和生产技术的相互交流，促进了人类历史的进步和社会生产力的发展。同时，我国的对外交往逐渐突破了商品贸易交换的经济范畴，与政治、外交、宗教、文化、艺术，乃至与民众生活都发生密切的关系，并且带来了更为深远的影响。泽克谷（Zekrgoo）就曾指出，“伟大的丝绸之路可以说是人类历史上最重要的一条线路。”

三是有利于文化遗产保护学科发展。文化线路遗产的保护是

① 张忠培：《三峡古栈道·序》，5页，北京，文物出版社，2006年。

科学严谨的文化实践。无论是全面调查、勘察测绘、遗产登录，划定保护范围和建设控制地带，制定保护规划，制定专项法规，还是环境综合整治，开展社会宣传教育，以及文物本体保护等各项工作都需要明确目标、明确计划、明确分工、明确责任，都需要开展大量艰苦细致的科学研究和实际工作。通过文化线路遗产沿线物质和非物质文化遗产资源和价值的调查，可以确立众多人文学科研究课题，在保护的同时，促进相关学科的发展。文化线路遗产不仅拥有丰富的历史文化内涵，而且涉及复杂的文化和自然生态系统。例如对长城、大运河、丝绸之路等巨型、线型文化遗产的保护编制总体工作方案，无疑是跨地域、跨部门、跨学科的重大研究成果，具有开拓性实践意义。文化线路遗产所承载的城镇和乡村中物质与非物质文化遗产的承启与变化，相互影响与交流，构成文化带上文化遗存的共性与特性、多样性和典型性，衍生出丰富多彩的面貌和内在的密切关联。整体保护大型文化线路遗产，可以将沿线的物质和非物质文化遗产保护有机结合起来，通过文化遗产资源和价值的调查，深入开展文化遗产保护涉及的各个相关领域的科学研究，再通过多学科领域的交叉研究有力地推动保护工作。文化线路遗产的整体意义和广泛的涵盖面，不仅有助于在不同民众、不同城市、不同地区和不同国家之间建立牢固的文化联系，同时可以防止文化同质化的趋势。在文化认同过程中，文化线路遗产保护具有历史与现实、有形与无形的双重意义。挖掘文化线路遗产的历史内涵，注意发现并培养构成地区传统文化基本形态的文化认同，在此意义上，文化线路遗产成为重新凝聚内容日渐削弱的文化时空的有效途径，并不断提供共享文化空间的机会。

四、文化线路遗产保护的措施与实践

文化线路遗产的保护，作为文化遗产保护领域的新课题，在我国乃至世界范围内仍处于起步阶段，这就需要以更大的决心和勇气去积极探索这类文化遗产保护的科学规律和有效手段。文化遗产保护机构、专家学者、各级政府和有关部门以及社会公众，在文化线路遗产保护过程中都应当发挥重要的作用。同时，通过对文化线路遗产的保护，可以重新唤起沿线民众对传统文化、自然生态、习俗风情的理性认知和历史情感，形成自觉的文化遗产保护意识。

（一）进行资源调查，开展科学研究

首先在全国范围内开展对文化线路遗产资源的调查，通过考古调查、科学勘察、资料梳理，把握文化线路遗产资源的分布状况，形成对我国文化线路遗产全面而完整的认识。对于在中华民族历史发展过程中发挥过重大作用的一些大型线型文化遗产、对于文化意义和生态价值都十分突出的文化线路遗产的整体性保护，例如长江、黄河等重要河流文化遗产密集、文化意义突出的部分区段，更应详细收集它们的“生命信息”，破译其中的“遗传密码”，加大力度进行详细调查，了解文化遗产本体的生存状况，深入挖掘其历史、科学和艺术等方面的独特价值，通过对这些文化线路遗产的保护，构成我国文化遗产网络的骨干。

由于文化线路遗产包含内容极为广泛，空间尺度又相对较大，因此在进行资源调查时，首先应确切地定义它的范围，这是开展科学研究的重要基础。例如文化线路的范围，取决于组成它的各个重要文化遗产节点元素的范围。在这些重要文化遗产节点所在之处，一般都会有历史建筑或考古遗存，因此就需要对这些文化遗存进行整合，使之成为文化线路整体的一部分。在开展文

化遗产资源普查的基础上，对线型文化遗产的各个文化遗产节点元素进行分类登记，如历史村镇、交通设施、宗教建筑、公共场所、文化景观等，按照文化遗产分类的原则进行记录，同时，还要分析文化线路遗产所处地理位置、影响范围，以及自然背景方面的状况，以全面体现文化线路遗产所包含的文化意义。例如20世纪70年代，考古学者在对居延遗址进行勘查和局部发掘的基础上，出土木简20 000多枚，其中既有记载汉代戍边屯田的活动情况，又有西汉中期到东汉初年的官方文献，涉及当时社会的各个领域，为十分难得的资料。又如考古工作者于20世纪末对秦直道遗址进行过局部发掘，其中在鄂尔多斯境内的秦直道遗址的两侧，有3座同时期的古城遗址，被初步论证为与秦直道密切相关的亭、障或行宫等设施。其与在陕西境内的秦直道遗址上发掘出的总面积达7 000平方米的秦代一号兵站遗址一起，为秦直道文化线路遗产的保护与研究提供了新的依据。

在进行资源调查时发现，经过长期的历史演进和变迁以后，大多数文化线路遗产的局部区段在自然灾害、城市化侵蚀和其他因素的影响下已经面目全非，因此要清晰准确地界定线型文化遗产的范围并非易事，很多情况下都需要多学科的大量研究来支持。例如大运河由于千年的历史变迁和几百年来的取直整治疏浚，受社会或自然环境因素的制约，先后有过不同历史时期的变化，要确定其曾经过的具体路线或影响范围，除通过整合文献史料加以阐释外，考古学的发现也极其重要，即依据文献记载与考古发现相互印证，对文化线路遗产进行深入的复原研究。河南境内的大运河在地面上已基本无存，绝大多数遗址已埋在地下，该省文物考古部门与地理研究部门，利用航空遥感技术，在宁陵、永城等地发现了码头遗址和部分古河道，并对大运河的走向做出初步判断，为大运河研究提供了新的手段和新的线索。2004年以来国家文物部门启动了大运河的科学研究工作，组织开展了“大运河整体综合性保护可行性研究”“京杭大运河遗产廊道研究”等专项研究，同时统一组织对大运河的历史文化遗存进行科学全面的普查，开展文物考古调查和发掘等基础工作，摸清文化遗产的家底，取得了重要研究成果。

近年，考古工作者在三峡库区文物保护工程中，抢在三峡大坝蓄水前，对库区漫长的古代栈道，开展深入、细致的抢救性考古调查，“涉险于崇山急流，攀援于绝壁悬崖”，克服人烟稀少、山深壁陡的恶劣条件，在奉节、巫山、巫溪等地区，获得了科学而完整的调查资料，系统地记录了大量珍贵的古代遗存。更为难得的是，在调查中他们将古代栈道置于更大范围的文化线路遗产系统中，扩大对沿线文化遗存及相关人文景观的调查范围，对古代栈道周围环境和后期附加物进行详细记录标示；对与古代栈道相关的道路、津隘、乡村、城镇进行登录；深入访问沿途居民，对民间文化遗存、史料进行调查，形成翔实的原始资料。并在此基础上，出版了辅以绘图和照片、较为详尽地记载古代栈道本体及其相关遗迹的调查报告，为世人留下了不可再得的资料。

目前，我国已全面启动长城资源调查工作，国家资助的大运河基本状况调查课题也已经取得阶段性成果。随着近年水下考古工作的开展，“海上丝绸之路”文化遗产资源调查不断获得新的成果。例如考古工作者在广西合浦县古城头村发现了西汉时期的船埠，这是迄今发现的我国最早的码头，为广西合浦作为古代“海上丝绸之路”始发港提供了最重要的实证,结束了这一航线始发港“有史载无考古物证”的历史。广州自先秦时代就是海上交通枢纽。在广州发现的秦代造船工场遗址，为研究我国对外贸易史、航海史提供了珍贵的实物资料，充分显示出我国古代造船技术的成就，这一优势无疑为广州对外交往奠定了坚实的物质技术基础，历两千余年而不衰。近期对“南海Ⅰ号”的“整体打捞”则体现了对“海上丝绸之路”调查的最新成果，期待经过后续的考古研究工作，复原和填补与古代“海上丝绸之路”密切相连的一段历史空白①。

（二）编制保护规划，实施整体保护

文化线路遗产保护规划，在我国刚刚起步，甚至对早已列入《世界遗产名录》的长城，至今尚未编制完成文化线路遗产意义上的完整规划。目前正在组织编制的长城、大运河、丝绸之路等保护总体规划，是我国首批文化线路遗产保护规划，同时也是首批针对超大时空尺度的文化遗产编制的保护规划，是我国文化遗产保护实践上的一次意义重大的创举。只有按照规划先行原则，编制文化线路遗产总体保护规划以及沿线地段控制性详细规划等不同层面的规划，明确规划范围、规划期限、保护原则、保护重点，才能为实施综合保护提供规划依据。同时，由于许多文化线路遗产尚缺乏基本的测量资料，因此要加强测绘和基础资料的准备，为编制保护规划提供条件。

全面保护文化线路遗产，需要在保护规划中，对文化遗存、自然生态、非物质文化遗产等方面的整体保护进行卓有成效的探索，

---

① 2007年12月22日上午，位于广东省阳江海域的“南海Ⅰ号”宋代沉船整体打捞出水。“南海Ⅰ号”长约30 m，宽约10 m，型深约3 m。经初步探摸试掘，船上以瓷器为主的各类珍贵文物数以万计，是我国迄今为止考古发现的年代最久远、保存最完整、文物储存最多的宋代远洋货船实物。这一行动所采用的“整体打捞”方法在全世界尚属首例，开创了考古界与打捞界的先河，其方案特点是将沉船、文物及周围泥沙按照原状，整体固定在钢制沉箱内，以最大限度地保留历史信息。再由大型浮吊将沉箱整体吊起，再通过全潜驳将其转移到岸边的临时专用码头，以确保沉船和文物的安全。最后通过岸上的专门通道，使用气垫移动的方式将整个船体移至专为“南海Ⅰ号”建造的博物馆内。待“南海Ⅰ号”处于稳定状态后，将对“南海Ⅰ号”水下文物资源进行系统勘探和发掘。

提出切实可行的措施。线型文化遗产的界定应遵循三个标准：空间标准、时间标准和文化标准。空间标准是指其在空间上的属性，包括线型文化遗产的空间形态、重要的地点场所、纪念物、影响范围等；时间标准是指其在历史时间上的属性，包括文化线路遗产形成时间、衰落时间、使用频率和强度及其变化等；文化标准则是指其在文化上的影响，包括文化线路遗产形成的目的、交流的种类和数量，以及它对人类记忆和经验形成的影响等。同时，列入保护范围的不仅仅是一处处历史遗迹和文化遗存，还应考察和研究其整体构成的更为广泛的影响，其中包括所有与文化线路遗产相关的人类活动领域，例如政治、商业、科学、宗教和文化。

希腊中马其顿科林斯运河1（2009年6月19日）

文化线路遗产保护规划的编制，是科学严谨的文化实践，是庞大的、影响广泛而又意义深远的系统工程。应根据文化线路遗产自身的特点，将其作为有机组成的文化遗产族群进行系统研究，在开展资源调查，摸清遗产状况，编制文化线路遗产总体规划的基础上，开展专项保护规划编制。针对各个文化遗产节点的保护要求，特别是文化线路遗产中的关键区、脆弱区以及重要节点，因地制宜编制专项保护规划，并将其作为整体多赢保护目标的组成部分，形成统一的规划原则，通过划定保护范围和建设控制地带，确保文化线路遗产整体保护战略的实施。同时，应当重视文化线路遗产保护管理的特殊性，其保护方式需要以科学研究的精神加以不懈的探索。由于文化线路遗产保护涉及的问题较多，相对复杂，必要时应设立保护管理方面的综合研究课题，对文化线路遗产的保护理论、保护技术、保护体制和管理方式等问题进行深入研究。

希腊中马其顿科林斯运河2（2009年6月19日）

单体文化遗产的重要性往往取决于它与文化线路遗产的整体联系。例如泉州是宋元时代继广州而起的另一个重要港口，曾经享有“东方第一大港”的盛誉，是“海上丝绸之路”的主要起点之一。对外频繁的政治、经济、文化交往，使泉州成为多元文化、多种宗教聚集的港口城市。在泉州至今仍保留着众多珍贵的，有较高历史、艺术、科学价值的文化遗存。近年来，泉州确定了以“海上丝绸之路：泉州史迹”作为文化线路遗产保护的整体项目，即以历史事件为线索，以特定的时间为背景，把与“海上丝绸之路”有关的众多史迹组合在一起加以研究，内容涵盖航海通商、多元文化、城市建设三大类文物古迹的16处地点。该项目统一制定保护规划，经过数年不断探索、整合，取得大量研究成果。

（三）制定专项法规，健全管理机制

当前，针对文化线路遗产的保护状况，加强基础工作，确定保护重点，制定保护措施，明确保护责任，广泛动员社会力量参与保护工作，均属当务之急。其中，建立、健全有关法律法规是文化线路遗产保护的基础，特别是对长城、大运河、丝绸之路等超大时空尺度的文化路线遗产，均应制定专项保护法规，加大依法保护的力度。在我国文化遗产保护法律法规体系中，文化线路遗产保护的法规建设有待进一步加强。2006年12月1日，国务院颁布的《长城保护条例》正式实施，使长城保护进入了新的阶段，这是我国第一次就单项文化遗产颁布的专项法规，也是线型文化遗产保护立法的开端。今后，还应逐步制定《大运河保护条例》《丝绸之路（中国段）保护条例》等文化线路遗产保护的专项法规。对于跨国文化线路遗产的立法保护，还需要探讨实现国际立法合作的可能性。

实施监测是文化线路遗产保护管理的重要手段，是维护文化线路遗产安全既基本又有效的保障手段。其主要目的是通过多种监测方式、技术手段、科学评估、对策研究等，切实保护和延续文化线路遗产所具有的突出普遍价值，维护其真实性和完整性，不断提升保护管理的科学内涵和综合水平。文化线路遗产保护不可能实施突击性工程，而是需要通过日复一日的日常性监测，及时发现文化遗产保护管理中存在的威胁、隐患以及面临的问题，及时查找病害，对症下药，排除险情，确保文化遗产安全。文化线路遗产的监测目标相对复杂，包括文物本体、环境气候、安全防范、自然灾害、游客管理、建设项目、景观监控、社区活动以及文化遗产保障体系等方方面面。

对分布地域广、遗存众多的大型文化线路遗产，需要开展保护理论和保护技术、管理体制和实施方式等相关问题的研究，建立健全跨地区、跨流域、跨部门的保护管理体制，并确保各个组成部分协调有序。同时，建立相应的专门管理机构，设立多样化的辅助机构，明确保护的相关责任，根据各自职能和特点发挥不同作用。例如大运河南北纵贯数千里，分布在北京、天津、河北、山东、江苏、浙江、河南、安徽等八个省市，地域跨度大，管理头绪多，涉及物质与非物质文化遗产的广泛内容。为此，经过协调由大运河沿线城市组成“大运河保护与申报世界遗产办公室”，承担相关管理、协调职责，组织项目实施。

今天，在南水北调工程的背景下，对大运河的整体保护，无论是从文化遗产角度看，还是从自然生态、人文生态角度看，都迫在眉睫。应正确认识正在实施的南水北调工程对大运河保护可能带来的冲击和可能给予的贡献。南水北调工程给大运河保护带来挑战的同时，其大规模调水可以激活古代水系的功能，不仅能对断流和生态功能瘫痪区域进行系统的生态修复，而且能对大运河线型文化遗产实施系统保护，从而为整体保护大运河带来难得的机遇。驾驭机遇，趋利避害，关键在于系统全面地规划和管理，切勿单一目标导向。因此，大运河沿线文物部门积

法国杜米第运河（2003年10月12日）

极应对南水北调东线工程对文化遗产保护带来的挑战，明智地加以规划研究，制定线型文化遗产保护措施，并将其纳入南水北调东线工程总体可行性研究报告，确保工程涉及的文化遗产得到有效保护，努力增加南水北调工程中的文化含量，延续大运河的历史文脉，使今日造福社会的国家重点基本建设工程，成为明天珍贵的世界文化遗产的重要组成部分。

（四）确立阐释方法，突出整体展示

文化线路遗产是大尺度、多维度的文化遗产类别，但是阐释其丰富的文化内涵难度较大，需要突出整体连贯性，需要多学科的合作和保护实践的大量积累，通过利用先进的数字技术，建立完备的信息数据库等措施，实现线型文化遗产整体阐释和展示的问题。例如，丝绸之路线型文化遗产保护项目作为联合国教科文组织“文化发展十年计划”的一部分，旨在关注起源于东西方交往，并有助于形成亚欧民族的多元认同、不同文化的综合互动。该项目希望通过组织国际性科学考察活动、学术研讨会和国际会议等，采取跨学科手段，促进丝绸之路线型文化遗产相关课题研究。同时，在项目进展的每一阶段，都建立研究人员与媒体的合作关系，及时公布研究活动和成果，从而在世界范围内重新激发人们对古老的丝绸之路的兴趣。

广西灵渠（2004年5月3日）

在整体考虑文化线路遗产所有重要组成部分以及相关因素的基础上，优先考虑一些重点遗址和遗迹的保护展示，积少成多逐渐构建完整的历史画卷，使人们增加对文化线路遗产的完整认识。应当以科学审慎的态度维护文化线路遗产的原真性和完整性，而非简单重建。修复应同现存的历史肌理以及周围建筑和景观环境相一致，所采用的设计、技术和材料，应尊重历史建筑、景观环境的特点和风貌。文化线路遗产的自然环境保护越来越受到重视，因为就总体而言，文化线路遗产的形成往往与自然环境状况密切相关，使其在某些方面兼具文化遗产和自然遗产的双重特征。在重视对线型文化遗产沿线的古城址、古遗址、古墓葬、石窟寺、古建筑、古驿站等进行妥善保护的同时，也应十分重视对沿线可移动文物的收集、保护、展示，使之成为文化线路遗产突出的普遍价值的实物佐证。

另一方面，文化线路遗产的非物质要素保护也应引起重视。例如尽管一些文化线路的保护状况并不理想，通常意义上的道路形式已不存在，但是其所拥有的非物质文化遗产要素却得以保留至今。同样，如果文化线路遗产的局部物质形态没有得到很好的保护，也并不意味着就完全失去了真实性，因为文化线路遗产强调的是整体价值，在其物质形态上残缺的部分，其真实性存在和价值可以通过非物质形态层面追溯出来，包括沿线各个族群独具的相貌特征、体态基因、生活习惯、传统技术、生产技能、农耕方式、礼仪风俗、宗教信仰，以及民族语言、传统服饰、音乐艺术、建筑风格、村镇结构等方面内容的存在，使文化线路遗产的存在价值得以凸显。文化线路遗产与其他文化遗产类别的不同之处，还在于它更为强调线路带来的各文化社区间的交流和相互影响。这种影响通常是非直接的，不仅有物质的方面，更有非物质的方面，其中最常见的情况就是随着一些线型文化遗产所发生的思想文化观念的传播，这些传播参与了对各文化社区形成和发展的塑造，因而意义往往十分重大。

同时，应利用多种渠道开展宣传教育，普及文化线路遗产保护的知识，激发沿线社区和公众对文化遗产的兴趣，用科学的态度审视文化遗产，提高保护意识并参与保护活动，引导社会各界用可持续发展的理念对待文化线路遗产保护。例如大运河的保护关系着沿线众多城市的社会经济发展，维系着沿岸千百万民众的记忆与情感，因此保护好大运河本体的同时，还要加强对大运河沿岸的传统建筑、景观生态、自然风光的保护，使那些充满魅力的古镇、古村、古桥与运河交相辉映。只有实施大运河综合保护，使保护工作有利于提升沿岸城市的文化品位，维护沿岸城市的历史风貌，使大运河的每一方水域、每一寸岸线、每一块绿地、每一条道路，都成为公共资源，还河于民、造福于民，改善沿岸民众的生活环境和品质，让人们更好地亲近运河、感受运河、品味运河，实现公共资源利用效益的优化，使沿岸民众在保护工作中真正受益，才能使大运河的保护工作得到民众的衷心拥护和持续支持。

秘鲁库斯科省印加铁路设施（2007年4月16日）

在广东海上丝绸之路博物馆开馆典礼上的讲话

（2009 年 12 月 24 日）

广西右辅山三炮台（2004年5月3日）

广东海上丝绸之路博物馆（2010年5月13日）

今天，我们再次相聚在美丽的十里银滩，隆重举行广东海上丝绸之路博物馆开馆的庆典活动。我谨代表国家文物局对博物馆的落成开放表示热烈祝贺！并向长期奋战在水下文化遗产保护第一线的文物工作者和博物馆的建设者们致以崇高的敬意！

此时此刻、此地此景，使我们回想起2007年12月28日那激动人心的时刻，为了更好地保护“南海I号”这一在我国沿海地区发现的年代较早、保存较好、文物丰富的南宋时期远洋商船，经过远见卓识的战略思考和缜密智慧的战术策划，一项保护水下珍贵文化遗产的创举得以顺利实施，其所采用的整体打捞方法在国内外属于首创。

“南海I号”考古和文化遗产保护是新中国成立以来实施的最重要的水下文化遗产保护项目。两年来，在各相关部门的密切配合下，“南海I号”的水下文物保护工作、考古发掘研究和博物馆建设进展顺利，这一保护进程标志着人类在文化遗产保护理念、保护方法、保护技术上的重要突破和创新。

广东海上丝绸之路博物馆是“南海I号”水下考古和文物保护项目的重要组成部分，是专为“南海Ⅰ号”量身定做的一座现代化博物馆。在设计和建造过程中，广大工程建设人员和文物工作者精诚合作，全力以赴，突破重重技术难关，圆满完成了工程建设任务。在广东海上丝绸之路博物馆正式对外开放之际，我代表国家文物局提出几点希望。

一是希望以博物馆开馆为契机，进一步做好“南海I号”保护和研究工作。要加强组织和协调，整合各方资源，引导跨学科、跨领域、跨行业、跨部门的联合攻关，形成合力，开展科学有效的发掘和保护工作，确保“南海I号”及船载文物的安全。

二是希望将广东海上丝绸之路博物馆建设成为展示和传承中华民族优秀传统文化的重要窗口、促进文化遗产事业发展的重要阵地。要充分利用博物馆的优势，做好考古发掘、文物保护与展陈利用等几方面工作，努力提升公众文化服务水平，拓展服务理念，创新经营模式，使博物馆真正成为高品位的文化场所，让更多观众走进博物馆。

三是希望将广东海上丝绸之路博物馆建设成为国际海洋文化和水下考古交流的重要平台。通过积极开展对外合作与学术交流，不断强化创新意识、科研意识、精品意识，利用“南海I号”考古和文物保护项目的深入开展，科学探索我国水下文化遗产保护的理论、方法、技术，使我国悠久灿烂的海洋文化走向世界，从而不断提升中华传统文化的国际影响力。

体现人类和平诉求的军事类文化景观①

（2010 年 1 月）

军事类文化景观，是指军事行动和战争行为所造成的景观 。人们把以准备和实施战争为中心的社会活动统称为军事，鉴于军事是一个极为复杂的巨大系统，以及战争的性质、方式、规模以及结果的多样性，军事类文化景观必然具有多种表现形式。战争作为人类社会发展到一定历史阶段的特殊社会现象，产生于原始社会末期。部落或部落联盟之间的暴力冲突，是人类战争的初始形态。进入阶级社会后，战争便成为解决阶级与阶级、民族与民族、国家与国家、政治集团与政治集团之间矛盾的“最高斗争形式”。战争具有极大的破坏性，不仅造成大量人员伤亡，而且使被征服的地区和城市变成废墟。同时，战争使一些国家凭借军事力量征服和奴役他国，扩张成为强大的帝国。因此，战争对民族的兴衰，国家的存亡，乃至人类自身的安危，都具有直接的重大影响。在人类战争的初期，以生产工具为武器，参战者即是平时的生产者。随着战争的发展，人们开始制造专门的兵器，修筑城堡，建立军事组织。随着国家的出现，产生了常备军，军队成为国家政权的主要成分，军事也成为国家事务的重要内容。人类社会历史的发展进程表明，战争与和平是交替出现的，但是无论是

①此文发表于《走进文化景观遗产的世界》，天津，天津大学出版社，2010 年 1 月。

战争时期还是和平时期，军事活动总是在持续不断地进行，而战争始终是军事活动的中心。战争形态的不断演变，军事活动的不断发展，是军事科学的源泉和动力。

美国纽约大都会博物馆藏中国文物（2004年10月1日）

会见美国纽约大都会艺术博物馆馆长一行（2013年2月1日）

我国作为世界文明古国之一，古代军事理论与实践成就卓著。相传约在公元前30世纪，我国就出现过黄帝、炎帝、蚩尤部落间的战争，后有尧、舜、禹攻三苗之战等，在这些战争中，人们开始了对战争问题的思考。早在夏、商、西周时期，我国古代军事思想就已逐步产生。夏朝建立了奴隶制国家，在夏启与有扈氏的甘之战中，战争由军队进行，以石兵器为主，但也有少量青铜兵器，交战除徒步格斗外，也使用战车；商代军队以“师”为最高建制单位，商代后期，青铜冶炼技术提高，开始以青铜兵器为主进行战争，车战成为主要作战方式；西周时出现师、旅、卒、两、伍的编制，作战指挥上已使用旗、鼓、铎、铙等视听信号，西周晚期出现了烽燧报警。在夏初的少康复国之战、商灭夏的鸣条之战、周灭商的牧野之战中，已经重视谋略的运用。在我国，商周时期，尽管社会生产力水平低下，战争规模较小，形式简单，但是人们对战争已经有了一定的认识。殷商甲骨卜辞和商周金文中，有许多关于战争和军事制度的记载。此后，在国家典章法令和其他著作中，例如《尚书》《易经》《诗经》等，都反映出一些军事谋略思想及战争情况。从《左传》引录的片断佚文看，产生于春秋以前，后亡佚的军事文献《军志》和《军政》，作为较早反映当时军事实践的重要理论成果，可以说是我国古代军事科学产生的一个重要标志。

春秋战国是我国古代军事科学成熟与兴盛时期，在社会由奴隶制向封建制过渡的动荡和变革中，争霸、兼并、统一的战争频繁发生，对古代军事科学的发展起到了巨大的推动作用。春秋晚期出现铁制兵器后，战国时冶铁业逐渐兴盛，铁制兵器逐步装备军队。一些诸侯国相继修筑了以夯土结构为主的长城，不少通都大邑成为比较坚固的要塞。军队结构和兵制也逐渐发生了变化，例如春秋晚期，晋国魏舒“毁车为行”，改车兵为步兵，吴、越、齐等国已有能在江河和近海作战的舟师。战国时代，赵武灵王实行“胡服骑射”，使骑兵在中原发展成为一个兵种。丰富的战争实践，使人们对战争有了较为全面而深刻的认识，产生了《孙子》和《吴子》《司马法》《孙膑兵法》《尉缭子》《六韬》等一大批军事理论著作，成为我国古代军事科学成熟与兴盛的重要标志。其中《孙子》作为古代经典兵书的代表作，达到了世界古代军事科学的最高水平。《孙子》论述了天、地的军事意义，认为“知天知地，胜乃可全”，主张将自然因素、人文因素和军事因素结合起来分析，从“道、天、地、将、法”五个方面去研究战争。书中提出的某些战争指导原则，例如“知己知彼，百战不殆”“攻其无备，出其不意”等，至今仍不失其科学价值。战国末期编成的《吕氏春秋》，初步汇集了包括军事内容在内的史料。先秦诸子论兵，开古代非兵家论兵之先河，成为我国古代军事科学发展的一个重要特点。

秦汉至五代时期，是我国古代军事科学进一步发展时期，从秦统一六国至唐代，中央集权的封建制度逐步完善，经济、文化、科技不断发展，促进了军事技术的进步，王朝更迭和统一战争、民族战争、农民战争交替发生，推动了军事科学的发展。秦以后铁制兵器得以广泛使用，至东汉时基本上取代了青铜兵器。西汉晚期的高马鞍，至迟在西晋初出现的马镫等，表明骑兵装具有了重大改进。战船出现多种类型，如两汉、三国的大型“楼船”，唐代创制的以脚踏轮推进的车船等。秦汉时长城总长度已达5 000多千米，并采用了快速、完备的烽燧报警系统。至迟在唐宪宗元和三年（802年）前，我国的炼丹者就发明了火药，唐末和五代时期陆续出现了用以对敌纵火的火药兵器。秦、汉、晋、隋、唐统一全国的战争，战场范围广、作战规模大、持续时间长。巨鹿之战、昆阳之战、官渡之战中的以少胜多，汉代对西域战争中的骑兵远程作战，晋灭吴、隋灭陈战争中的长江水战等，在谋略与战法运用上有创造性发展。而我国最早具有军事性质的类书是北宋官方编修的《武经总要》，明代后期，1599年刊行的《登坛必究》，已经是比较完备的专业性军事类书。

我国古代筑城的基本形式是长城筑城体系和城池筑城体系。其构筑和运用贯穿于我国古代整个历史时期，这是因为古代作战主要是使用冷兵器，对以高厚坚固的城墙为主体的长城筑城体系和城池筑城体系不足以造成大的威胁，因而才使这两种古老的筑城形式长期保存下来，并不断有所发展。中国长城是人类历史上修筑时间最长、规模最大，对社会影响最深刻、最广泛，留存文化信息最丰富的古代军事防御工程，也是最壮美、最宏大的军事类文化景观。由于古代政治、经济、文化诸多因素的变化和地区条件的不同，长城的修建主要集中在春秋战国、秦、汉、北朝、隋、辽、金、明等朝代。春秋时楚国最先在伏牛山因山设险，利用山岭高地连接河流堤防，将一系列小型防御城堡连成条状防御体系，这是最早见于记载的长城。战国时齐、魏、燕、赵、秦等国也相继在边防线上修筑长城。公元前4世纪前后，秦、燕、赵三国又在其北方和西北方修筑了防御游牧部落的外长城，这些长城有的土筑，有的石砌，也有的土石兼用或仅仅依托陡峭山岭为屏障而不筑墙。秦始皇以过去秦、燕、赵三国的北方长城为基础，修缮增筑，建成西起临洮，东至辽东的万里长城。秦以后直到明末，长城经过多次修缮和增筑，其中以明代修筑工程最大。

秦统一六国后，秦始皇派蒙恬率军北逐匈奴，在阴山南北、黄河河套地区设置九原郡。为便于军队直驱北方以抵御匈奴的袭扰，秦始皇命蒙恬主持，于公元前212年动工，至前210年结束，修筑了从咸阳西北的云阳直达九原的军用道路，道路全长“千八百里”（约700千米），路幅最窄处约13米，宽处达60米。为缩短行军时间，道路走向尽量取直线，“堑山堙谷，直通之”，工程艰巨浩大，是我国古代一项巨大的军事工程。直道的修筑与万里长城共同构成了北部边疆的重要防御体系，即所谓“澄城似弓，直道似箭”，巩固了秦代北部边防。西汉时期这条军用道路仍然受到重视，汉武帝刘彻曾亲率大队骑兵，沿直道驰抵阴山以北，威慑匈奴，使其不敢轻易南进。作为历史文明的见证，秦直道遗址是全面了解秦代道路的形制、历史沿革以及测绘、建造方法、道路规模、使用维护、附属设施等最直接的珍贵史料。同时，秦直道遗址所具有的时空跨越长度与规模、文化信息含量，使其具有珍贵的军事类文化景观价值。秦直道遗迹以及沿线的古城遗址，对研究秦汉北方地区的历史，特别是与匈奴相关的战争史、交通史、通讯史和民族关系史等，具有非常重要的人文历史信息价值。秦直道文化遗址不仅保存了大量的考古文化遗存，具有很高的文化研究价值，同时还保留了生态学和环境考古学上的重要信息①。

我国古代的历代统治者都把构筑和加强城池作为国家设防的重点，城池的构筑数量与当时统治的疆域、人力和经济能力相适应。一般城池筑城体系是以城墙和护城河或护城壕为主体组成的环形防御工程体系。根据考古调查证明，在新石器时代中期仰

①王薇：《奏响秦直道文化品牌工程最强音》，载《中国文化报》，2008-07-25（7）。

韶文化的半坡遗址中，在聚落周围环绕着一条深5～6米、宽6～8米的壕沟；在姜寨遗址中，氏族居住区的西南面临河，东、南、北三面有人工壕沟环绕；在新石器时代晚期龙山文化的王城岗遗址中，发现有先后修筑的东西相连的两座夯土围墙。由此可见，在新石器时代，已在聚落周围出现了用于防御的壕沟，夯土围墙，表明此时我国古代筑城已经进入萌芽时期。夏王朝在建立后开始构筑王城等较大城池；殷商时代版筑技术已经广泛应用于城墙的构筑；周王朝颁行了一套严格的城邑建设“营国制度”，以规范诸侯国的筑城活动；春秋战国时期，各诸侯国所建城池大多为二重城，即宫城之外筑有郭城。在漫长的历史中，针对攻城策略和方式的变化，城池筑城体系得以不断改进。例如城墙由低矮变得高厚；沟壕由窄浅变得宽深。此外还在城墙上构筑有雉堞、敌台、弩台、炮台，在城门上方构筑城楼，城门前构筑瓮城、箭楼，在城墙拐角处构筑角楼等，这些设施既可以用于观察，又可以用于射击和隐蔽。重要的城池在城中央或重要位置建有钟鼓楼，平时用于报时，战时用于报警。

钓鱼城屹立在重庆合川海拔391.2米的钓鱼山上，其地枕嘉陵江、渠江、涪江之口，北、西、南三面环水，壁垒悬江，形势险要。南宋晚年，四川安抚制置使余玠为抗击蒙古军队的进攻，筑城钓鱼山，屯兵积粮，以作重庆屏障。从公元1243年至1279年，南宋合川5县17万军民在守将王坚、张珏的率领下，军民结合、耕战结合、攻防结合，凭借钓鱼城天险，“春则出屯田野，以耕以耘，秋则运粮运薪，以战以守”，依靠完备的后勤保障，运用灵活机动的战略战术，与元朝军队展开大小200多场鏖战，抵御了蒙古倾国之师，创造了“以鱼台一柱支半壁，坚持抵抗战争三十六年”这一古今中外战争史上罕见的奇迹。在钓鱼城旷日持久的攻防战争中，发生在公元1259年的开庆元年战役，是后世中外学者广为关注的著名江河要塞防御战役。这次战役取得了“击毙蒙哥大汗，迫使蒙古帝国军队从欧亚战场全面撤军”的结果，钓鱼城也从此在世界战争史上确立了“延续宋祚、缓解欧亚战祸，阻止蒙古向非洲扩张”的战略地位。钓鱼城开庆元年战役，展示了不畏强暴、敢于斗争的民族精神，导致了蒙古战争政策的转折。后来，忽必烈在灭亡南宋的过程中，招抚流亡，严禁妄杀，以禁杀政策代替了传统的血洗屠城政策，从而较多地保存了中原和我国南部地区的先进经济文化。

钓鱼城是创造古代战争史奇迹的军事要塞，是迄今我国保存最完整的古战场之一，是一座露天的军事遗址博物馆，也是一处典型的军事类文化景观。在钓鱼城2.5平方千米的重点保护区内，现存有8千米城垣，8道城门，这些城垣和城门皆凭借陡峭的山崖或隘口修筑，在城东、南及西北部地势略低的地段，为加强纵深防御，构筑有双层防线。城下亘贯南北江岸的一字城，打破了我国古代以“交圈闭合”方式修筑城池的传统，是在城池建设上的创举。钓鱼城有停靠、修造战船的南宋水军码头，碾制火药、制造爆炸性武器的“九口锅”兵工作坊和沟通城内外联系、藏兵运兵的飞檐洞暗道出口。钓鱼城内外，遍布炮台、墩台、栈桥、暗道出口、水军码头、兵工作坊、帅府、军营、校场、天池、泉井、脑顶坪、马鞍山等南宋军事及生活设施遗址。同时，钓鱼城内拥有耕地千亩以及14口“天池”、92眼水井和水洞门、皇洞等完备的给、排水系统。这些攻守兼备的古代军事遗址，是古代以山地修筑防御工事进行山地防御战争的光辉典范，极具科学研究价值。

数百年来，历代名人志士踏访古战场，满怀豪情，激扬文字，为钓鱼城增添了丰富的文化内涵，寄予了对战争的厌恶以及对和平安宁环境的向往。

我国明代海防筑城是指明朝为防御倭寇对沿海地区的骚扰，在北起今鸭绿江口，南至钦州湾的沿海海岸和岛屿上修建的防御工程体系。14世纪时，日本处于南北朝时期，在国内战争中溃败的武士流亡海岛，勾结海商和失业流民组成海盗集团，袭扰我国沿海。为抵御倭患，明朝军民从洪武十七年（1384年）起，根据“御海洋、固海岸、严城守”的海防战略，在元代沿海设防的基础上构筑了一系列海防筑城设施。这是与明长城同时修建的又一项浩大的军事工程。为便于防守，明朝政府将沿海划分为辽东、北平、山东、直隶、浙江、福建和广东等七个防区。各防区依其地理位置和地形特点，进行筑城设施的规划、布局和构筑。例如山东半岛的登州卫，早期利用海岸的有利地形，在今蓬莱县城北丹崖山脚下修建了一座水寨，经明代洪武和万历年间两次扩建和整修，改名蓬莱水城，又称备倭城。水域周长约2.2千米，设南北两门，南门与县城相连，北门与海相通。城北为高崖，崖上临海建高阁，是全城的制高点，可以俯瞰附近海域。临海的一面建有木质大水闸，可引海水入城，供舰船驶入隐蔽。整个水城由城墙、炮台、水门、水闸、码头、灯楼、平浪台、防波堤和护城河等组成，成为了一个严密而完整的海岸防御筑城体系，也是一座典型的海防城池和古代的水军基地。

大鹏所城，始建于明洪武二十七年（1394年），全称“大鹏守御千户所城”。深圳别称“鹏城”即由此得名。大鹏所城是我国东南沿海现存较完整的明代军事所城之一，它的建立是为了防御海盗、倭寇侵扰，在明清两代抗击葡萄牙、倭寇和英国殖民主义入侵的斗争中曾起过重要的作用，在我国城镇建设史、古代军事发展史和明清海防史上有着特殊的研究价值。但是，香港被租借后，大鹏所城的军事作用消失，而逐渐成为军事后裔和当地民众的聚居村落，因而更名为鹏城村。大鹏所城占地面积11万平方米，包括文物保护范围、建设控制地带和历史风貌区，总占地面积为103万平方米。平面呈梯形布局，原城墙高6米，长1 200米，上设雉堞654个，并辟有马道。至今东、西、南三座城门仍然保留明代建筑。虽历经600多年风雨，但城内主要街巷依然保持明代格局，城内有三条主要街道，分别为东门街、南门街、正街，以及其他一些小巷。保存至今的县丞署、关帝庙、天后庙、赵公祠，以及建于清嘉庆、道光年间的广东水师提督赖恩爵府第、福建水师提督刘起龙将军府第等10余座清代将军府第和一大批清代民居分布其间，城内现有房屋共1 127间，其中70%属传统民居，除城楼、学校、粮仓、怡文楼等属公产外，其余房屋产权均属600余户原住居民私有。

清代广西边防筑城是指1885年至1900年间，我国清朝政府在广西与越南接壤的边境地区构筑的防御工程体系。中法战争后，法国军队逐步占领越南北方，并在中越边境集结部队，构筑工事，严重威胁我国边境的安全。为了抵御法国军队可能的入侵，清政府责令广西提督苏元春加强防务，并提出“严锁钥，以扼要冲”的重点设防、重点守御的原则和“路宽者筑台安炮，路窄者设卡安壕，甚僻者掘断禁阻，戍所预造地营，营外多栽刺竹”的要求。广西军民经过十几年的紧张施工，建成了一个体系完整、规模恢宏的筑城体系。清代广西边防筑城，东起上思州（今上思县）吞仑山，西至镇边县（今那坡县）各达村，绵延850余千米，以镇南关（今友谊关）为中心，分三路布防。沿边防线依据地形建城池、炮台、碉台、营垒。在整个边防线上，共设隘64座，卡58个，建大、小炮台82座，碉台83座，营垒67座，并以陆路、水路交通网相连接。炮台是整个边防筑城体系的主体，多集中构筑在镇南关、平而关、水口关和凭祥城附近。较为著名的炮台有右辅山的镇南、镇北、镇中炮台等。清代广西边防筑城，具有规模大、工程坚固、重点突出、体系完整等特点，在我国南疆形成了坚固、稳定的防御屏障。中法战争后，法国军队曾多次入侵我国，但是从未由此防线正面进犯[①]。

1938年8月，蜿蜒于崇山峻岭之间，从印度雷多经缅甸、云南、贵州至重庆，全长953千米的滇缅公路建成通车。当年为了修通这条公路，我国投入了20余万人力，牺牲了2 300多名筑路工人。在地形破碎、地质复杂的滇西南和缅北密林中，现代化的美式机械和最粗笨、原始的边民工具一起上阵，开凿出一条负载着抵御外侮、保家卫国神圣使命的陆上大动脉，一条名副其实的国际大通道。其中举世闻名的“二十四拐”盘山公路，始建于1935年，全长4千米，山脚至山顶直线约350米。因为路基窄、坡度大、弯道急，普通车以近60度的倾角向上爬行，被称为中国最险峻的山道之一。惠通桥是一座气势恢宏又满布沧桑的钢索吊桥，横跨于怒江之上，全长205米。抗战期间，作为滇缅抗战的“血线”要卡，无数英勇的中国士兵，用鲜血和生命守卫这处滇缅公路上的必经之路。1942年2月，为保障滇缅公路畅通，我国政府以10万兵力组成中国远征军第1路，投入战斗，其英勇顽强事迹为世人所赞

①李金勇：《清代广西边防筑城》，载《中国军事百科全书：军事技术》，786页，北京，军事科学出版社，1997年。

誉。滇缅公路的松山战场遗迹，隐藏在茂密的森林中，一座座步兵掩体、机枪工事，一个个炮弹坑，一条条作战壕，保留着60多年前的状况。1945年7月，为昭彰中国远征军全歼腾冲守敌的赫赫战功，以及纪念在战役中为国捐躯的抗日英烈，修建了国殇墓园①。

我国于1960年初，开始依靠自己的力量研制核武器。第一个核武器研制基地，位于青海省海晏县金银滩草原，总面积1 100余平方千米。1964年10月16日15时，在新疆罗布泊核试验场进行了第一颗原子弹爆炸试验，爆炸威力为2.2万吨梯恩梯当量。原子弹核装置爆炸后取得了火球、烟云的景象记录，测到了裂变反应动力学常数及光辐射、冲击波、早期核辐射、放射性沾染等杀伤破坏效应方面的完整数据。随后，1967年6月17日8时，在新疆罗布泊核试验场又进行了第一次氢弹空中爆炸试验，爆炸威力为330万吨梯恩梯当量。我国首次原子弹和氢弹试验的圆满成功，在我国国防建设及维护世界和平的史册上书写了不朽的篇章，标志着我国国防现代化进入了一个新的阶段，也使我国成为继美国、苏联、英国、法国之后，世界上第五个有能力自行研制原子弹并实施核试验、世界上第四个掌握氢弹技术的国家。今天，位于青海的我国第一个核武器研制基地和位于新疆的红山核武器试爆指挥中心旧址，均被作为军事类文化景观加以保护，并对社会开放，在核武器研制基地内，现存王淦昌、朱光亚、邓稼先、周光召等著名科学家和张爱萍将军居住过的“将军楼”，工地第一批人员驻扎过的“三顶帐篷”遗址等，以及分布在基地周围的7个分厂、实验场及其他设施，成为自力更生精神和艰苦创业实践的生动展示场所。

①张东伟：《重走滇缅公路》，载《人民日报海外版》，2008-05-10（4）。

西亚和地中海沿岸是人类文明发展较早的地区之一，为了扩张领土、开拓商路、掠夺财富，这些地区的国家和民族之间经常发生战争，出现了埃及、亚述、波斯、希腊、罗马等奴隶制军事强国。约公元前30世纪，古埃及等早期奴隶制国家拥有了国王的常备武装力量；前24世纪，阿卡德王朝建立了常备军；前12世纪，在西亚和埃及等地出现了铁制兵器；前6世纪，波斯王国将全国划分为若干军区，并建成一支拥有近千艘战船的舰队。在奴隶制时期，上述地区的军事理论主要蕴含在军事历史著作中，例如古希腊希罗多德（Herodias）的《历史》，修昔底德（Thucydides）的《伯罗奔尼撒战争史》、色诺芬（Xenophon）的《远征记》和古罗马G.J.凯撒（G.J.Caesar）的《高卢战记》，阿利安（Arrian）的《亚历山大远征记》等，记述了希波战争、伯罗奔尼撒战争、亚历山大东征等著名战争的情况。其中《亚历山大远征记》中记录了亚历山大三世对长征沿途地理形势的分析和对地理条件的利用等内容。从这些著作中可以看到，战争的规模由小到大、双方交战兵力从几千人到几万人、几十万人，战争的空间范围，也由沿河、沿海平原地域不断扩大到跨大河流域及跨海区域，由陆地延伸至海域，由几百千米的征战发展为几千千米的远征。

古代军事活动是在冷兵器时代、火器与冷兵器并用时代的战争实践中形成和发展起来的，经历了漫长的社会历史过程。罗马自第一次布匿战争以后，开始推行对外扩张政策。历经征战，至图拉真当政时达到最大版图，以后由于政治、军事实力不足以对所占地区实行有效的统治和控制，遂转而注意国土防御。公元1至2世纪罗马帝国在其国境线的一些地段上构筑了一系列长城。这些长城常以当时罗马皇帝的名字或地名命名，例如图拉真长城、哈德良长城、安东尼长城、日耳曼长城等。其中哈德良长城是古代分隔英格兰和苏格兰的城墙，建于公元122—128年，全长120千米，高约4.5米，宽约2.5～3米，是一座石砌防护城墙，包括墙顶部的防栅、墙外的深壕、沿线警戒哨楼、瞭望台和小型要塞，以及通往后方军团永备营垒的道路等，形成了连绵的线型防御工程体系。长城沿线平时仅有少量戍边部队隐蔽巡逻，一旦发现敌情，即点燃烽火报警，并依托长城阻滞敌人进攻，固守待援。在相当长的一段历史时期内，该长城对保护罗马帝国边境起到了一定作用，并作为古代著名的国境防御工程被载入史册①。此后哈德良长城因战争和年久失修，而逐渐残破坍塌。目前经过保护性修复，哈德良长城仍然逶迤于陡峭山崖之巅，成为雄伟的军事类文化景观。

在世界最低点死海西岸的犹地亚沙漠中，有一处孤零零的石山，山顶距死海海面450米。从远处望去，山顶如同刀削斧剁一般，要攀上这座山峰唯有经过悬崖峭壁上的一条狭窄通道，正是其隐蔽、险要的特点，使其具有天然防御工事的优势，这就是2000年前犹太人在罗马统治时期最后固守的马萨达要塞，也是列入《世界遗产名录》的军事类文化景观。当年希律王在马萨达高地建起豪华的行宫和避难所，不仅使之成为东罗马时期建筑范式中的一座宏伟城堡，也以其营房、要塞构成了极为完整的防御工事。希律王在此还建起一排排庞大的仓库，可以储备众多武器和维持数年的粮食，还兴建了一套宏伟的水利工程，巨大的蓄水池将周围稀少的雨水尽可能地收集起来，储水多达4万立方米。然而，马萨达对犹太人的重要性并不在于豪华的宫殿和宏伟的城堡，而是犹太

①吴澂祥：《罗马壁垒》，载《中国军事百科全书：军事技术》，68页，北京，军事科学出版社，1997（668）。

人宁为玉碎，不为瓦全的悲壮历史。公元70年，罗马人占领耶路撒冷，960名犹太人退守马萨达要塞，这里成为抵抗罗马帝国的最后堡垒，而围攻要塞的罗马人达万人之多，他们环绕山体建起了8个营地和一道城墙。犹太人在此地坚守了3年，最终寡不敌众，就在罗马人即将攻入城堡之际，宁可为自由死，也不做奴隶的犹太人开始以“光荣的方式”自尽。马萨达要塞是犹太人坚守的最后一个城堡，从此，犹太民族开始了千年的流离失所，马萨达也落入被遗忘的境地，直到19世纪才被人重新发现。上世纪60年代和90年代以色列希伯来大学的两次大规模考古挖掘，揭开了马萨达遗址的面貌，使史实逐步得到了印证。如今，马萨达作为以色列国家公园，成为犹太民族争取自由、以弱抗强的英雄主义的象征①。

20世纪，由于第一次和第二次世界大战的爆发，大型军事工程得到较快发展，其功能是为军队作战行动提供工程保障，提高部队生存能力和限制敌人机动能力。例如，芬兰在两次世界大战之间，在卡累利阿地峡建立了“曼纳海姆防线”，防线主要防御地带蜿蜒曲折，全长135千米，防线最大纵深95千米，充分利用起伏地形、森林、江河湖泊和沼泽地等对防御有利的地形，使防线在此后的战争中发挥了作用；法国在第二次世界大战前，为阻止德军入侵，在其东北边境地区构筑了“马其诺防线”，防线始自比利时方向上的隆吉永，沿法国与卢森堡、德国接壤的整个边境，直至瑞士方向上的贝尔福，绵延约390千米，基本上由纵深4～14千米的保障地带和纵深6～8千米的主要防御地带组成，使德国军队不得不避开德法边境正面，另选进攻法国的方向；德国在第二次世界大战前，为了掩护西线安全，在其西部边境地区构筑

①章建潮：《马萨达——记录着史诗的山峰》，载《人民政协报》，2009-05-21（C4）。

了“齐格菲防线”，防线沿着与荷兰、比利时、卢森堡、法国、瑞士接壤的边境，全长630千米，全防线共构筑各类永备筑城工事14 000个，包括装甲机枪工事与火炮工事、高射炮阵地、指挥所、观察所、人员掩蔽部和弹药库等，战争中一度依托防线阻滞了盟军的行动。这些大型军事防御工程的遗址，如今都得到了保护与利用，展示出宏阔的军事类文化景观。

了解珍珠港事件的人，一定都不会忘记亚利桑那号。1941年12月7日，日本海军航空母舰机动部队对美国海军太平洋舰队基地珍珠港实施战略突袭，使停泊在港内的主力几乎全军覆没，其中尤以亚利桑那号战舰的大爆炸最为惨烈，9分钟内全部沉没，舰上船员1 177人丧生，几乎占整个珍珠港事件中美方死难者的一半，成为美国太平洋舰队最深痛的一道伤痕。事件后亚利桑那号没有被打捞，其上层建筑被拆除，舰体残骸仍保留在水下的原位置。1962年，亚利桑那号沉没处被指定为美国国家陵园，并建立了纪念堂。纪念堂横跨残舰上方平静的水面之上，是一座中部凹下、两端延伸逐渐隆起的白色建筑，别致的造型象征着在太平洋战争中初遭挫折最终走向胜利的过程，而幽深的水下，则静静沉睡着亚利桑那号和它的将士们。纪念堂的中部，矗立着一根旗杆。这根旗杆的下端一直连接到亚利桑那号残存的主桅杆上。每天清晨，美国海军士兵都会为已经永远无法出航的亚利桑那号升旗。纪念堂的后方是悼念厅，牺牲在亚利桑那号上的官兵名字，用黑色的字体铭刻在白色的大理石墙壁上。从纪念堂仪式厅两侧窗外望去，不时有细小的油花冒出海面，在阳光的照射下闪烁着光芒，那是亚利桑那号上的油箱所渗透出的油珠，60多年一直没有间断，被称为“亚利桑那号的眼泪”。

广西友谊关（2004年5月3日）

太平洋战争结束前，美国先后对日本广岛和长崎进行了核突击。当时日本国力衰竭，败局已定，美国希望用原子弹加速战争进程，在苏联参战前迫使日本投降，并在战争结束前对原子弹进行实战效应试验。1945年8月6日8时15分，载机在广岛上空1万米高度投弹，这颗当量2万吨级的原子弹在666米高度空爆，爆心周围12平方千米内的建筑物全部被摧毁，死伤平民14万余人，约占广岛当时24万总人口的60%。3天以后，美国又在长崎投下了2万吨级当量的钚弹，使11平方千米地区内房屋全部摧毁，死伤平民7万余人。美国对日本的核突击，对早日结束第二次世界大战起了一定作用，但是给日本平民造成了重大伤亡。它在世界军事史上揭开了核武器时代的序幕，对战后国际政治和各国军事战略影响深远。至今，位于爆炸中心的一座被烧焦、毁损的楼房，依然保留在原地，这座建筑是由捷克建筑师设计，竣工于1915年的广岛物产陈列馆，总面积1 023平方米，拥有造型优美的新巴洛克样式的椭圆形屋顶，最高处25米。这是广岛原子弹爆炸之后留存下来的唯一建筑遗址，它以被摧毁扭曲的形体，无声地向人们述说着悲惨的经历。为了让人们牢记战争的残酷，广岛市决定永久保留这处遗址，并以其为中心形成一座和平公园，公园内建有死难者纪念碑与和平纪念博物馆。联合国教科文组织对此处世界文化遗产的评价是，随着人类所创造的毁灭性力量的释放，广岛和平纪念公园成为人类半个多世纪以来为争取世界和平所取得成就的力量象征。

广西右辅山三炮台（2004年5月3日）

位于美国纽约的“9·11”事件世贸中心遗址，被人们称为“第二个珍珠港”，如今这里成为人们纪念遇难者的场所。世贸中心遗址坐落在曼哈顿下城地区，以前这里矗立着纽约标志性建筑世贸中心，为两栋110层、400余米高的双塔建筑。2001年9月11日，遭恐怖分子劫持的两架飞机撞击，双塔建筑起火爆炸后坍塌，造成重大人员伤亡，世贸中心也成为一片废墟。“9·11”事件之后，不断有来自全美和世界各地的人们来世贸中心遗址凭吊。一座用当年世贸大厦钢架残骸制作的巨大黑色十字架在此矗立，为遗址平添悲怆气氛。在清理世贸中心遗址时人们发现，在原基址上还存留着一段直跑楼梯，这段楼梯曾经连接着广场和地面上的大街，在“9·11”事件当天，数百人得以从这段楼梯逃离现场，幸运地生存下来。灾后这段楼梯成为这一历史事件的重要物质见证。同时，“9·11”事件发生以前，世贸中心前面的喷泉广场上，曾经有一个4～5米高的“地球”雕塑，象征着“世界贸易促进和平”。袭击事件中这个雕塑没有被完全压塌，成为遗址中幸存的大型遗物。半年后，“地球”雕塑被清理出来，并被迁移安放到了曼哈顿南端的炮台公园里。在“9·11”事件一周年时，人们在它前面的地面上增加了长明火作为永久纪念，鼓励着人们燃起不灭的希望[①]。

①王莉：《世贸遗址，美国第二个珍珠港》，载《环球时报》，2008-05-21（9）。

关于加强海上丝绸之路文化遗产保护的提案[①]

（2010 年 3 月）

海上丝绸之路是始于我国，连接亚洲、欧洲、非洲，沟通太平洋、印度洋、地中海的一条巨型文化线路，以我国香港、澳门、广州、北海、泉州、福州、宁波、扬州、蓬莱、崂山、烟台等对外港口为基点，经南海航线向西可通往南亚、欧洲和非洲，或经东海航线向东通往朝鲜半岛和日本列岛。这些纵横交错的线路和星罗密布的港口，构成一个巨大的海上交通网络，覆盖了包括我国东南沿海地区、港澳台地区，以及东海、南海、台湾海峡在内的广阔的领土、领海和管辖海域。无论在我国疆域形成史上、海上交通史上，还是中外交流史上，海上丝绸之路都具有重要的历史地位。

海上丝绸之路始于秦汉，经过唐代后期的发展，至宋元时期达到顶峰。在长达2 000多年的历史中，海上丝绸之路在其沿线10余个国家留下了不计其数的珍贵文化遗产。这些文化遗产资源丰富、种类多样，既有码头、纤道等航运设施，船坞、作坊等手工业设施，衙署、炮台等管理设施，商号、店铺等商业设施，又有

①此文为在全国政协十一届三次会议上的提案，联名提案人：耿其昌 张廷皓 张和平 王川平 樊锦诗 张柏 安家瑶 杨一奔 冯英 龙瑞 仲呈祥 姜昆 杜滋龄 陈力 郁钧剑 苏士澍 韩书力 郭瓦加毛吉 吴祖强 刘敏 宋春丽 赵维绥 孟广禄 尼玛泽仁 佘辉 林建岳 董良翚 陈祖芬 夏燕月 王霞 丹增 高延青 詹祥生 吕章申 侯露 张海 阿拉泰 席强 田青 刘庆柱 杨力舟 王书平。

妈祖、伊斯兰、摩尼等各类宗教建筑，更有为数众多的因海运而生、因海运而兴的村镇城邑，以及大量的沉船遗址。它们或与现代城市相互穿插，或位于郊野海岛；它们有的存于地面，有的则埋于地下或藏于水中。这些文化遗产都是海上丝绸之路兴衰历史的真实见证，是沿线各地民众宝贵的历史记忆和精神家园。

海上丝绸之路文化遗产保护意义重大。海上丝绸之路是亚欧非各国人民贸易与经济、文化与艺术、思想与观念以及生活习俗交流的重要通道，是东西方文明之间的物种传播之路，商贸流通之路，文化、艺术、宗教和科技交流之路，更是沿线诸国各族不断增进了解和友谊之路。海上丝绸之路见证了东亚、南亚、地中海地区、东非地区文明的兴衰变化，显著促进了东西方人类文明与文化的交流与融合。海上丝绸之路文化遗产是增进沿线各国人民之间的友谊，加深沿线不同文化信仰的国家、民族之间互信互利的重要载体。

海上丝绸之路沿线地区至今仍是我国海上贸易最为频繁、经济活动最为活跃的地区。现代城乡建设的高速发展对文化遗产的保护构成威胁，一些历史城镇，尤其是其中尚未被列为保护单位的文化遗产正在逐渐消失。与此同时，由于海上丝绸之路水下文化遗产数量大、分布范围广，且远离大陆，缺乏必要的巡查和监管条件，近年来，海上文物盗掘、盗挖现象十分猖獗，极大地威胁着我国文化遗产安全。

21世纪是海洋世纪。切实保护好海上丝绸之路文化遗产，科学、有效地利用文物资源和优势，充分发挥这些文化遗产在保持城市文化特色、维系各地民众感情、增进各民族团结等方面的积极作用，是促进文化遗产地经济社会和谐、可持续发展的重要动力，必将为国家的繁荣昌盛、中华民族的伟大复兴、地方经济社会的和谐发展做出重要贡献。

为此提出以下几点建议。

（1）加强我国与海上丝绸之路沿线国家在文化遗产保护和申报世界文化遗产中的合作，将其作为我国与沿线各国，尤其是南亚地区区域合作战略的重要内容，以此增强有关国家的友好互信，扩大海上丝绸之路保护和申报的国际影响。

（2）设立线型文化遗产保护专项经费。进一步加大对包括海上丝绸之路在内的文化线路等线型文化遗产保护的经费投入和支持力度，将各类线型文化遗产保护工作作为“十二五”期间的一项重点工作。

（3）加大海上丝绸之路文化遗产研究工作力度。设立相关专项课题，深入研究海上丝绸之路的历史沿革、主要线路及其起点、终点等主要节点，并开展线型文化遗产特性研究，确定文化遗产构成。

（4）做好海上丝绸之路文化遗产保护基础工作。积极开展海上丝绸之路相关考古、水下考古调查及抢救性发掘工作，深入发掘文化遗产内涵。加大对文物建筑、石刻造像等的保护工作力度，确保文物安全。积极支持海上丝绸之路沿线博物馆建设，收集、整理、保护海上丝绸之路相关文物。

（5）开展海上丝绸之路跨国跨地区文化交流活动。继续开展考古发掘、专题研究等方面国际合作，鼓励我国专家学者赴海上丝绸之路沿线各国开展专题研究、调查，加强各国各地区之间的学术交流。设立海上丝绸之路相关主题展览，赴沿线各国各地区进行展览，增进各国各地区民众之间的友谊。

关于加强中东铁路文化遗产保护的提案[①]

（2010 年 3 月）

辽宁中东铁路旅顺车站（2010年2月23日）

中东铁路于1897年8月开始动工兴建，1903年2月全线竣工通车。这条铁路的干线西起满洲里，经哈尔滨，东至绥芬河，支线则从哈尔滨起向南，经长春、沈阳直达旅顺口，全长近2 500千米。中东铁路先后为俄罗斯、日本、前苏联占领、管理和使用，1952年全部收归我国政府所有。中东铁路既是近代中国屈辱历史的见证，也为新中国的发展做出了重要的贡献。中东铁路沿线文化遗产种类丰富、数量众多。各个时期在进行铁路建设的同时，还建造了大量公共建筑和民用建筑，包括车站站舍、工区、机车库、教堂、俱乐部、医院、学校、兵营以及大量铁路

①此文为在全国政协十一届三次会议上的提案，联名提案人：宋春丽 吴祖强 王川平 张廷皓 赵维绥 冯英 樊锦诗 韩书力 陈祖芬 姜昆 张柏 王书平 丹增 阿拉泰 龙瑞 安家瑶 林建岳 杨一奔 詹祥生 余辉 席强 杨力舟 张海 张和平 吕章申 陈力 侯露 刘敏 孟广禄 杜滋龄 郁钧剑 耿其昌 刘庆柱 田青 苏士澍 高延青 王霞 郭瓦加毛吉 仲呈祥 夏燕月。

住宅和附属建筑，仅1901年至1927年建造的各类建筑就近800座。这些建筑根据车站的不同等级和功能进行设计施工，分布在沿线的黑龙江、内蒙古、吉林、辽宁各省区，其中大部分在黑龙江境内。

中东铁路沿线具有百年历史的建筑和各类文化遗存，构成了一道由铁路串联起来的绵延数千里的文化景观线，见证了沙俄殖民、中苏共管、日本侵华、人民铁路等百年历史风云，成为珍贵的历史文化遗产。当年沙俄殖民者要实现长期殖民扩张计划，因而对中东铁路沿线历史建筑精心建造，许多建筑设计精美，功能完善，不仅具有重要的历史价值，而且具有独特的艺术价值，古典主义、浪漫主义、巴洛克风格、俄式建筑、新艺术运动风格的建筑都不乏精品，很多建筑形式在俄罗斯境内都已经难寻。纵观我国现存的20世纪铁路遗产，横贯四省区的一整条线路能够成系列保持文化遗产的真实性和完整性的，已经十分罕见。而同时代的津浦线、沪宁线、平汉线、陇海线，已经难以在高速城市化进程中存留数量如此之巨、保存如此完整的铁路建筑遗存。

中东铁路文化遗产在全国同类文化遗产中具有代表性、唯一性。研究、保护、利用中东铁路文化遗产，对促进沿线各省区经济社会文化协调可持续发展，具有积极的现实意义。同时，中东铁路文化遗产已经成为沿线民众与历史对话的纽带，在传承城市文化的同时承载着人们的记忆与情感。但是，目前中东铁路文化遗产保护形势十分严峻。随着经济的快速发展，与中东铁路有关的一些历史建筑，有的在历史城区改造中被拆毁，有的在铁路升级改造实施中消失，现存的历史建筑保护状况也不容乐观。有不少不可移动文物甚至文物保护单位，由于年久失修，加上自然损坏和人为破坏，面临彻底毁灭的危险，尚未作为文物加以保护的历史建筑的境况更加岌岌可危。对中东铁路进行整体保护还远未得到有关部门和地方政府的足够重视，遗存百年的“文化项链”正处在线断珠散的边缘。尽管黑龙江省、内蒙古自治区、吉林省、辽宁省的各级政府和文物行政部门做了大量工作，但是中东铁路文化遗产整体保护形势依然堪忧。

为加强对中东铁路文化遗产的保护，提出如下几点建议。

一是在加强文物机构建设同时，提高文物保护工作水平，加大文物调查工作力度。对有文物价值的建筑物、构筑物，相关各级政府及其文物行政部门应当及时将其认定为不可移动文物，并核定公布为相应级别的文物保护单位；对具有保护价值的历史文化街区、历史文化村镇，要积极依法采取保护措施；对中东铁路沿线现有的文物要加强保护，加强文物行政执法监督，消除安全隐患。

二是充分认识经济振兴与文化遗产保护协调发展的重要意义。在铁路改造和基本建设立项前，应当充分征求文物部门意见，并依法保护历史建筑及其环境风貌。同时，对现有的文物在加强保护的前提下合理利用，保持其生命力和功能延续性。

三是要树立中东铁路整体保护理念。中东铁路是我国独一无二的完整体现20世纪早期工业化、近代化进程的实物例证，因其铁路遗产的完整性和系统性，在全国具有高度的代表性、唯一性，具备全国重点文物保护单位的条件，应当加强研究和协调，尽可能将中东铁路整体申报全国重点文物保护单位。

四是要加大中东铁路文化遗产保护的宣传力度，让广大民众充分认识到中东铁路文化遗产的价值，增强保护意识，积极参与保护行动。

关于加强西藏芒康盐业文化遗产保护的提案[①]

（2010年3月）

我国拥有悠久的采盐、制盐史，留存下丰富的盐业遗址、遗物，如西藏芒康盐井盐田、四川自贡盐井、海南洋浦盐田、山东寿光双王城盐业遗址群等，成为我国文化遗产的重要组成部分。其中，西藏芒康盐井盐田以其独有的原始晒盐方式和当地特殊的自然环境，形成了世界上罕见的自然与人文相融合的文化景观遗产。

芒康盐井盐田位于澜沧江两岸，海拔2 300米左右，集中分布在纳西乡和曲孜卡乡，包括溪同卡盐井盐田、加达盐井盐田、色曲龙—雅卡盐井盐田等3处，面积近10万平方米。芒康盐井盐田制盐设施根据功能分为盐井、公共卤水池及晒盐作业区。盐井位于江边，用不规则的石块垒砌而成；公共卤水池位于江岸近盐井处；晒盐作业区总数有上百个，位于坡地或陡崖之上，依山势层层修建，最多处达到10层，由私有卤水池和晒盐田两部分组成。目前，大部分盐田盐井仍然在使用中，盐业也仍然是当地居民生活的主要副业来源。

盐井地区在唐代属于吐蕃盐川城，历史上是茶马古道上极其

①此文为在全国政协十一届三次会议上的提案，联名提案人：冯英 王立平 李素华 仲呈祥 侯露 龙瑞 宋春丽 刘敬民 阿拉泰 耿其昌 王书平 陈醉 张健 尼玛泽仁 杨力舟 秦百兰 孙丽英 郭瓦加毛吉 韩书力 朱乐耕 赵秀云 林建岳 陈力 张海 黄济人 姜昆 徐翔 杜滋龄 张会军 张和平 陈祖芬 宋祖英 于魁智 关牧村 赵维绥 董良翚 夏燕月 陈维亚 王霞 田青。

重要的物资交换集散地，同时也是连通川、滇、藏地区各民族的经济文化走廊。该段古道因其特殊的地理位置至今仍在使用，大量古代渡口、驿站、驿道神庙等遗迹仍较完整地保存了下来，至今仍在滇藏结合部各族群众的交往中发挥着重要作用。

西藏芒康盐田（2009年8月26日）

芒康盐井盐田展示了古代先民们在“世界屋脊”青藏高原上创造的灿烂文化，是在世界上海拔最高、自然环境相对恶劣条件下盐业生产的杰出范例，为研究2 000多年茶马古道上各民族的经济与文化交流提供了珍贵的历史见证。2009年，芒康盐井盐田被公布为西藏自治区文物保护单位，并正在申报第七批全国重点文物保护单位，其井盐晒制技术已被列入国家级非物质文化遗产。

长期以来，由于对芒康盐业文化遗产的重要价值缺乏正确认识，重视程度不够，保护经费不足，保护措施不到位，芒康盐井盐田的保护工作面临很多问题，前景堪忧。特别是澜沧江古水水电站的修建，将直接威胁到芒康盐井盐田的本体安全和相关制盐设施、“茶马古道”遗存的安全。此外，受江水浸泡、风吹日晒等自然因素影响，盐井盐田的木质支柱极易受损，也存在被江水和泥石流冲毁的危险。

鉴于芒康盐井盐田在我国西南地区历史、文化、文物、景观、自然、民族、宗教等多方面的重要性，以及其突出的历史、科学价值，迫切需要对其加强相关保护工作，为此提出以下几点建议。

（1）地方人民政府应积极协调有关部门，统筹考虑古水水电站选址建设和芒康盐井盐田保护工作，妥善解决水利工程建设、地方经济发展与文化遗产保护之间的关系，确保文物本体安全。

（2）国家财政应继续加大经费投入力度，为开展重要盐业遗址的保护、研究、展示和利用工作提供经费支持和保障。

（3）推动包括西藏芒康盐井盐田等在内的盐业文化遗产的相关研究工作，充分发掘其文化内涵，展示制盐工艺在我国科技史上的突出成就，反映盐业经济的发展历史和地方风土人情。同时，积极开展相关保护技术研发，保护我国古代传统技艺和文化遗产。

（4）做好西藏芒康盐井盐田、四川盐井和海南洋浦盐田等重要盐业遗迹的突出意义和普遍价值的比较分析，研究其申报世界文化遗产的可能性，积极开展前期准备工作，进一步推进盐业文化遗产的相关保护、研究、展示和利用工作。

守护千年古道 再书世纪新篇[1]

（2010年8月28日）

20世纪末以来，文化线路作为一种新型文化遗产，在国际社会引起了广泛关注。在我国历史上，人类的迁徙、流动和跨地域交往从未停止，先后开辟了丝绸之路、大运河、茶马古道、古蜀道等多种主题的文化线路。这些文化线路的研究与保护为深入洞察人类历史提供了新的视角，同时也为当前经济社会的发展提供了新的思路。

茶叶、瓷器、丝绸是古代中国向世界输出的最具声誉的三种商品，它们在不同历史时期影响了世界的经济、文化格局，并在无形之中改变着人类生活的方式和品质。伴随着这三类商品的输出，中国境内形成了三条重要的商贸通道——北方丝绸之路、海上丝绸之路以及茶马古道。

茶马古道分布在我国西南地区，网络庞大，路线复杂，覆盖6省区20多个民族区域，不同的支线向南、北延伸后分别与海上和陆上丝绸之路相贯通。沿途地势险峻，气候无常，自然景象变化万千，民俗文化丰富多彩，构成了茶马古道独具魅力的遗产特征。茶马古道串联了茶叶产地、储藏地、集散地和消费地，于各处留下了大量的遗存，主要包括古茶园（树）、古茶号、老茶

①此文发表于《中国文化遗产》2010年第4期，第8页，2010年8月28日出版。

厂；古城镇、驿站和集市；古道；古寺院；桥梁、水井、摩崖石刻等其他遗存。茶马古道是我国西南地区具有独特历史文化价值的线型文化遗产，如何保护利用好这笔珍贵的文化财富已成为重大的研究课题。

一、保护茶马古道的意义

（一）茶马古道的遗产价值

（1）茶马古道是在特定自然环境和社会环境下形成的大型商贸交通体系，蕴含着丰富的自然和人文信息，并以茶文化作为其独特的个性，在亚洲文明的传播中起到了不可低估的作用。

茶马古道位于亚洲板块最险峻的横断山脉，被认为是大陆上唯一一条还在运转着的文明古道，对古代文明传播、汉语言的起源、汉藏文化联盟的发生、民族的形成与民族关系的变迁、人与环境的和谐共生关系等重大课题都具有重要意义，同时也有助于我们突破以印欧文化为中心的传统观念。

（2）茶马古道见证了曾延续千年的马帮文化，体现了他们世代延续的执着无畏的开拓精神和力量。

茶马古道的发展和演进是军、政、僧、俗共同推动的结果，沿途的关隘、驿站、寺院、古镇星罗棋布，确保了整个体系在功能上的成熟与完善，但茶马古道最初的缔造者马帮，却是这当中最值得一提的英雄。在雪域高原奔波谋生的特殊经历，赋予了他们超人的智慧与胆略，他们负重履险，于逆境凶途中触探生机，挑战不仅来自脚下的路，还有恶虫野兽、雨雪瘴气、土匪山贼。然而，在马帮特有的文化氛围下，这些都无法阻挡他们前进的步伐。正是历代马帮苦役般的职业生涯，才创造出了人类历史上最了不起的商贸之路。今人循着茶马古道一路走去，无不为沿途的险恶地势而咋舌，同时更为马帮的勇敢和执着肃然起敬。

（3）茶马古道沿途的各类遗存生动地再现了古代当地居民的生产生活方式和文化传统。

茶马古道上的商贸活动曾是高原地区生活中最为活跃的元素，吸引了人群的会聚，各类典型的生产、生活方式和技法因此在沿途遍地开花。例如传统的盐业生产，包括盐井、盐田和独有的制盐术，今天依然可以在茶马古道上寻找到它们的踪影，有些甚至还在进行着作业。

茶马古道所经之地，有汉、藏、傣、彝等20余个民族居住栖息，形成了中原文化、贝叶文化、火文化、东巴文化等多种文化形态。如今，茶马古道沿途各地的民居样式、衣着服饰、风俗民情、语言乃至房前屋后的宗教标志都千差万别，被形象地概括为“五里不同音，十里不同俗”。这种多元文化使茶马古道成为了一条多姿多彩的民族文化走廊。

（4）茶马古道是人文精神与自然环境完美融合的文化景观。

茶马古道经过的区域地形、地貌复杂多变，分布着高山峡谷、雪峰冰川、高原湿地、森林草甸、湖泊瀑布。为了适应地形的变化，茶马古道在延伸的过程中，时而是陡峭的石阶，时而是幽深的野径，时而是惊涛骇浪上的吊桥，时而是断壁悬崖边的栈道，绝境中甚至化为一条铁索、一根溜绳，连接着来路和去程。这使得茶马古道不同于普通的商贸通道，它是人类面对不利的自然环境，依靠自身的智慧和胆略，就地取材，突破障碍，变天堑为通途的杰出创造。它所彰显的人类的开拓进取精神，与周围奇伟险峻的山河景观相互映衬，使其成为拥有奇特感染力的文化景观。独特而复杂的地理环境和生物资源是景观中宏阔的自然背景，而茶叶种植、盐业生产、黑陶制造等生产活动以及各类民居、宗教建筑、军事设施等，则在背景上添加了绚丽的人文色彩。这种人类通过对大自然实施最简单克制的干预而获得生存和发展空间的实例，也是茶马古道对现代社会的一种有益启示。

（二）保护茶马古道的现实意义

（1）有利于汉藏团结和稳定。

保护茶马古道不仅在于保留住古人的杰出创造，同时也是为了巩固汉、藏民族深厚的传统友谊，这在今天具有重要的现实意义。虽然过去以茶易马的交换方式已不复存在，但内容更加丰富、形式更加多样的贸易联系仍然在汉、藏两族民众生活中占据着重要地位。在实施西部大开发战略的今天，拥有数百万人口的藏族和占据广阔国土面积的藏区首当获得充分的发展。在茶马古道基础上形成的青藏路、甘青路、川甘路、川滇路等沟通内地与藏区的交通要道，都已为此做出巨大贡献；而那些分布在偏远地区、尚未被现代路网取代的古道分支，还会继续履行其历史使命，为当地少数民族民众带来时代发展和社会进步的成果。

（2）有利于弘扬各少数民族传统文化。

茶马古道连接多个少数民族区域，有些区域交通极为不便，其传统文化鲜为人知，经济也十分落后。对茶马古道的保护与宣传，将使这些地区的民族文化为更多的人知晓，有助于增强他们对民族文化的自信心和传承民族传统文化的积极性，这对保护民族地区文化多样性具有十分重要的意义。同时，伴随着学术界对茶马古道的深入研究和全社会对茶马古道的广泛关注，许多濒临灭绝的民俗、语言、史诗传说、服饰、歌舞等，都将有望得到及时的记录和保护，使得这些古老文化不至于在现代文明的冲击下骤然毁灭。

（3）有利于带动地方经济社会发展。

茶马古道是我国西部迄今为止自然、文化原生形态保留最好，类型最为丰富的遗产长廊，当地的动植物种类和民族文化的多样性、独特性，在全世界范围内都极具代表性。对茶马古道的有效保护不仅将为各学科学术研究提供基地，还将为当地提供可持续的旅游资源，同时吸引投资，增加就业，整体带动地方经济社会发展。云南境内茶马古道上的西双版纳、香格里拉就是突出的例子，近些年的旅游发展对当地其他产业和地方经济的整体拉动作用已经初步显露。

二、茶马古道遗产的保护现状及面临的问题

（一）保护现状

（1）遗产家底不清，保存状况较差。

1990年以来，茶马古道主题研究持续开展，关于茶马古道的历史沿革及主要路线走向，学术界已形成了较为完整统一的论述。然而，从文化遗产保护的角度来讲，这仅仅是完成了基础研究阶段的工作，茶马古道的保护还缺乏有效的法律依据作为支撑，在保护管理、综合整治、合理利用等方面缺乏统筹协调，尚未形成宏观视野下的总体保护规划；对文化线路遗产保护的科学研究不够深入，对文化遗产内涵的认识、对保护对象和范围的认知等方面均存在较大差异。同时，气候变化、环境污染等使整体环境恶化，导致文化线路遗产面临生存威胁，遗产本体不同程度地面临着水患、风化、腐蚀等情况的破坏。随着自身的发展和更

新，城镇街市的建筑原貌和传统特征也逐渐丧失，加之公路、铁路和新型交通工具的引入，茶马古道各路段的传统功能和风貌有了不同的变化，尤其是很多支线的羊肠道逐渐消失。茶马古道的保护现状不容乐观。

（2）受到城市化、产业发展、基础设施建设的冲击。

随着各条进藏铁路的开工和建成，大规模商贸与人员往来对文化遗产本体构成了现实威胁，城市化带来茶马古道沿线居民思想观念、文化传统、生活方式的急剧变化，进而使这一文化遗产的各种元素（环境风貌、生态系统等）受到较大的人工干扰。在资源利用上，人们只注意进藏货运量的增长与否和客运服务的舒适、便捷程度，却很少关心外来思想文化与商业冲击对生态环境、特色风貌、建筑传统等方面的巨大影响。作为流动着的传统文脉，茶马古道承载着千百年的文化积淀。而如今，依附于古道沿线的民族民间文化，如地方戏曲、民间传说和民风民俗等非物质文化遗产，也由于缺少调查和保护，而面临逐渐消失的危险。一些地方在基础设施建设和旅游开发中缺乏长远战略眼光，不注意对文化资源的妥善保护，交通道路、市政管网、水利工程等的建设将茶马古道切割得四分五裂，使得古道的深刻历史内涵随着其外部风貌的大幅度改变而彻底丧失。

（二）存在的问题

茶马古道的现状反映出了保护工作中存在的问题，其中主要包括缺乏系统的调查和研究支撑以及具有针对性的遗产认定标准和保护理论框架；缺乏统一的保护策略和分区域的保护规划；缺少国家和各级政府在保护和管理方面的协调机制。

由于茶马古道线路庞大而分散，跨越众多行政区域，遗产保护管理力量分散，导致综合整治、合理利用等缺乏统筹协调。茶马古道作为跨省的古代商路，如今已很大程度上不具备现代交通的功能，故而交通部门无意管理；由于相关各类遗存尚未被认定为各级文物保护单位，文物部门也缺少介入的依据；而同时，茶马古道作为近年来的一个旅游亮点，吸引了大量的中外游客，各地根据自身旅游发展的需要对其采取各种改造和粉饰措施，结果导致茶马古道处于一种“保护管理无人过问，开发利用各自为政”的危险状态。

三、加强茶马古道保护的工作思路与要点

（一）茶马古道保护总体思路

关于茶马古道的整体保护，可考虑以下三个思路。

（1）构建主题区域。

茶马古道在不同区段、历史和自然条件、民族文化、遗存类别、保存状态以及当前城市化程度等方面呈现出不同的特点，应当据此研究、确定具有代表性、价值突出、基础条件具备优势的区段，将其划定为重点保护区域，确定保护主题，先行一步实施保护措施。采取这种以点带面的思路，可以轻装上阵，避免从一开始就受制于资源有限而保护范围过大、战线过长所造成的困境。

（2）构建历史剖面。

保护和再现古道在不同时代背景下的关键要素，是茶马古道保护与展示所要达到的重要目的。应当在古道沿线建立不同时间节点的历史剖面，集中再现古道在那一时刻的真实风貌。文化线路相对于一处单体遗产的优势在于，由于不同地域随时代发展的

步伐有疾缓之分，受外界的影响有深浅之别，各个历史阶段留下的印迹散布在相对广大的空间里，彼此并未完全叠压，便于我们更加清晰地了解它的发展脉络。例如，茶马贸易、中央管辖、宗教演变等重大题材在不同历史时期的表现形式均可在藏区找到实证。以寺庙为例，茶马古道上各个城镇中的寺庙在藏区的宗教地位、建立时间、派别属性、建造风格等都不尽相同，这样就鲜明地再现出茶马古道沿线宗教景观变迁的历史剖面。

（3）构建多种文化共生空间。

茶马古道的保护必须与沿途多种民族文化的保护紧密结合，抵挡城市建设带给遗产本体冲击的同时，也必须防范大量涌入的外来文化对当地原生文化的冲击。作为茶马古道所依托的背景环境，多种文化和谐共生的局面已成为遗产不可分割的有机组成部分。在实施茶马古道整体保护过程中，应当充分考虑为沿途各地的多种原生民族文化保留延续的空间，只有这样，茶马古道的价值和生命力才不至于丧失。

（二）今后工作要点

（1）加强基础工作。

茶马古道作为文化线路遗产，具有规模大、分布广、环境复杂等特点，加强基础研究是对茶马古道实施有效保护的基础和先决条件。应当结合第三次全国文物普查工作，开展遗产资源专题调查，并依靠田野调查和民族志研究，进一步查证其历史沿革和现实状态，同时对各类遗存的文化内涵进行深入的剖析，理清各种民族文化对古道形成和发展的作用。应当采取多学科综合研究方法，从考古、历史、民族、宗教、民俗、地理等多角度考察遗产的构成、属性，全面归纳茶马古道的价值，同时还要开展深入细致的勘察、测绘等工作，为遗产准确定位。在此基础上进行专题研究，制定茶马古道整体保护的宏观战略。

（2）申报文物保护单位，建立专项法规。

各地应在对茶马古道相关遗产进行认真调查、梳理的基础上，抓紧申报各级文物保护单位，为茶马古道的保护明确法律依据。目前云南省政府已将茶马古道云南段整体申报为全国重点文物保护单位，如申报成功，将为接下来的保护工作争取到人才、技术、经费等各方面的保证。

与此同时，鼓励有条件的地区制定并颁布地方性专项法规，进一步确立茶马古道的遗产地位，并依法对其实施长期保护；提高公众对其价值的认识，规范遗产区域内的各种开发、建设活动，避免遗产及其环境遭受新的损害。

（3）制定保护规划。

应当根据基础研究成果，对茶马古道的遗产价值及真实性、完整性进行评估，确定遗产和环境景观的构成要素，确立保护对象，提出具有针对性的保护原则。建议根据茶马古道的规模及保护管理的客观需要，先行编制茶马古道保护规划大纲，以此指导各地编制省级和地州级茶马古道保护详细规划，科学规划遗产保护、管理、展示、利用等各方面内容，明确保护管理措施和要求，分期实施目标和工作步骤，为开展工作提供有效的指导。规划应与地方经济社会发展总体规划、城镇建设、水利、交通、环保等专项规划充分衔接，确保在实践中的可操作性。

各省茶马古道的保存状况不尽相同，保护中面临的困难和挑战也多种多样，应当依据保护规划，因地制宜开展茶马古道保护工作。但同时，对于一些带有共性的问题，各省文物部门应加强沟通，积极开展跨区域、跨部门合作，相互借鉴，共同探讨有效的解决方案，增强茶马古道保护工作的整体协调性。

（4）引导旅游业和文化产业的适度发展，防止过度开发。

应针对茶马古道线型遗产的特点，研究遗产展示的最佳途径和方法，以此引导相关旅游活动的健康开展，突出自然天成的文化特色，避免对遗产和景观造成过度干扰。在旅游发展过程中，应特别注意维护当地民众的利益，维护他们与遗产的原有关系和传统相处方式，避免为外来者及其经营行为所取代。茶马古道的自然属性决定了游客体验有可能是对遗产本体的直接踩踏，同时全程的无限开放也使得部分旅游行为发生在管理部门的视野之外，游客的安全、遗产的安全都将存在重大隐患，这些都是我们工作中必须面对的挑战。

（5）申报预备名单，逐步开展申报世界文化遗产准备。

申报世界文化遗产是向国际范围内宣传遗产价值、展示遗产保护成果、主动接受未来的国际监督的一种途径，成功申报世界文化遗产将大幅提升遗产的国际认知度，并能整体规范和完善各项保护管理工作，值得鼓励和支持。各省可在全面做好上述工作的基础上，先行将茶马古道申报列入我国《世界文化遗产预备名单》，并依照《实施保护世界文化和自然遗产公约操作指南》的要求，不断完善，为茶马古道整体申报世界文化遗产创造有利条件。

茶马古道是一条路，承载了马帮千余年的沉重步履；茶马古道是一张网，织就了各民族割不断的历史渊源；茶马古道是一部书，记载了沿途世代的民风百态；茶马古道是一幅画，今人试图在线条间体味历史的苍凉……

留住茶马古道历史的真迹，让它在新世纪焕发新的光彩！

在茶马古道文化遗产保护研讨会上的报告

（2011年8月21日·四川雅安）

对自己不熟悉的领域做一个研究性质的报告并非易事。刚才孙华教授、冯明珠教授的发言给了我们很多的启发。我在这里对茶马古道就一般性的理解谈一点肤浅的认识。

云南丽江茶马古道博物馆（2006年7月16日）

我觉得“茶马古道”的这个“茶”字，不仅仅是单指一个地方的茶，它包括川茶、滇茶、边茶，甚至孙华教授刚才说最早还有湘茶等，今天进入西藏地区的茶叶种类可能更多。“茶马古道”的这个“马”字，恐怕也不仅仅是我们说的一般的马，因为与青藏高原的牦牛道、丝绸之路的驼道等联系在一起，它也是一个广义的概念。“茶马古道”的这个“古”字，也是相对茶马古道漫长的历史而言，但是茶马古道的功能在一些地方一直延续至当代，是动态的、活态的。“茶马古道”的这个“道”字，实际上不是一条道路，而是一个网状的系统。因此，茶马古道的内涵和外延十分广博、精深，相关领域的研究还需要不断开拓。

文化线路作为一种新型文化遗产，在国际社会引起了广泛的关注。它是一种陆地道路、水道或者混合类型的通道，代表了民众的迁徙和流动；代表了一定时间内国家和地区内部或者国家和地区之间民众的交往；代表了多维度的商品、思想、知识和价值的互惠和持续不断的交流；代表了因此产生的文化在时间和空间上的交流与相互滋养。

简单回顾一下，文化线路研究的历史并不长。虽然很多专家学者从人类学、民族民间文化、文化遗产、考古学等角度进行了大量的研究，但是国际社会对“文化线路”这个词的研究还是比较晚的事情。1993年，西班牙的桑地亚哥·德·孔波斯特拉朝圣之路被列为世界文化遗产，引起人们对文化线路这种世界遗产类别的关注。1998年，国际古迹遗址理事会（ICOMOS）成立文化线路科学委员会（CIIC），从而开始比较系统、深入地探讨“文化线路”的内涵、价值、意义及保护策略。2002年，文化线路科学委员会通过了著名的《马德里共识》。

实际上，对文化线路的保护我国起步并不晚。2005年10月，在西安召开的国际古迹遗址理事会第15届大会暨科学研讨会，将文化线路列为四大专题之一，在世界文化遗产领域第一次形成了有关《文化线路宪章（草案）》的决议，从此，我国学者开始给予“文化线路”更多的关注。

2008年10月，国际古迹遗址理事会第16届大会在加拿大古城魁北克召开，大会通过了《关于文化线路的国际古迹遗址理事会宪章》。宪章对文化线路的定义、要素、内容、环境、特殊指标、类型、识别、真实性和完整性以及相关的研究、经费、保护和国际合作等都做了详细阐释。

在我国历史上，人类的迁徙、流动和跨地域交往从未停止，先后开辟了丝绸之路、大运河、蜀道等多种主题的文化线路。对这些文化线路的研究与保护为深入洞察人类历史提供了新的视角，同时也为当前经济社会发展提供了新的思路。茶马古道正是在这种大背景下提出并被社会各界所关注的。

一、茶马古道的形成与发展

（1）关于茶马古道的概念。茶马古道是唐宋以来汉、藏及其他少数民族之间进行商贸往来的重要商道。它以茶马互市为主要内容，以背夫、马帮为主要运输方式，是我国西南地区具有独特历史文化价值的重要线型文化遗产。茶马古道兴于唐宋，盛于明清，民国时期最为兴盛，新中国成立后逐渐衰败。

（2）关于茶马古道的分布与遗产构成。茶马古道分布在我国西南地区，网络庞大，路线复杂，覆盖四川、云南、贵州、西藏、青海和甘肃等6省区20多个民族。不同的支线向南、北延伸后分别与海上和陆上丝绸之路相贯通。茶马古道经过漫长的发展和演变，在我国境内形成了三大主干道，即青藏道、滇藏道与川藏道。每条干道都有若干支线与之交会。

（3）关于茶马古道文化遗产构成。茶马古道文化遗产构成是文化遗产类别的一个总称，它包括古茶园（树）、古茶号、老茶厂，古城镇、驿站和集市，古道路、古桥梁，古寺院、古遗址，水井、摩崖石刻等其他遗存。

（4）关于茶马古道的发展历程。研究表明，茶马古道的前身，是不晚于汉代便已形成的以滇、藏、川境内横断山脉为中心，向外扩散的马帮盐运古道。到了唐代，藏区几乎全民依赖茶但是不产茶，藏民饮茶的习俗日盛，马帮纷纷转向了茶马贸易，开始了远征，盐运古道逐渐发展成为茶马古道。宋代，内地的茶叶经济空前繁荣，而周边少数民族地区存在着巨大的市场；加之中原战马严重匮乏，而西部地区盛产良驹，这就促成了茶马互市的兴盛，茶马古道作为唯一的运输途径，重要性进一步彰显。元代，马政制度的设立使得战马的供给摆脱了远途交换的形式，但为了保住茶马贸易带来的巨额税赋，朝廷依然大力拓展茶马古道，开辟驿路，修建驿站，使得川西、滇北入藏的古道大大延伸。明代，恢复了茶马互市，“以茶治边”成为统治西北各民族的重要手段，茶马古道再次繁忙起来，沿途驿站不断增加。清代，官营茶马贸易逐渐退出历史舞台，茶叶输出日渐衰落，茶马古道也随之萧条。抗战期间，日寇封锁了滇缅公路，海上交通也被截断，茶马古道成为西南后方主要的物资供应通道。数万马匹和藏区牦牛组成的队伍，浩浩荡荡，经茶马古道将物资运抵西南大后方，为抗日战争做出了不可磨灭的伟大贡献。新中国成立后，现代运输方式的普及使得茶马古道淡出了人们的生活，但在现代公路尚未触及的地区，仍有零星的路段在默默延续着它们的运输功能。

二、保护茶马古道的重要意义

（一）茶马古道的遗产价值

（1）茶马古道是在特定自然环境和社会环境下形成的大型商贸交通体系，蕴含着丰富的自然和人文信息，并以茶文化作为其独特的个性，在亚洲文明的传播中起到了不可低估的作用。茶马古道分布在滇、藏、川及东南亚、印度文化圈内，维系着汉、藏两个民族之间的交往，被认为是大陆上唯一一条还在运转着的文明古道，对研究古代文明传播、解释汉语言的起源、汉藏文化联盟的发生、民族的形成与民族关系的变迁、人与环境的和谐共生关系等重大课题都具有重要意义。

（2）茶马古道见证了曾延续千年的马帮文化，就是非物质文化遗产精神遗产的领域，体现了他们世代延续的执着、无畏的开拓精神和力量。在雪域高原奔波谋生的特殊经历，赋予了马帮超人的智慧与胆略，他们负重履险，于逆境凶途中触探生机，挑战不止来自脚下的路，还有恶虫野兽，雨雪瘴气，土匪山贼。在马帮特有的文化氛围下，艰苦的环境都无法阻挡他们前进的步伐。正是历代马帮苦役般的职业生涯，才创造出了人类历史上了不起的商贸之路。今人循着茶马古道一路走去，无不为沿途险恶地势而感叹，同时更为马帮的勇敢和执着而肃然起敬。

（3）茶马古道沿途的各类遗存生动地再现了古时候当地居民的生产生活方式和文化传统。茶马古道上的商贸活动曾是高原地区生活中最为活跃的元素，各类典型的生产、生活方式和技法因而在沿途遍地开花。茶马古道所经之地，居住栖息的民族众多，文化形态各异，同时还受到了藏传佛教、禅宗、上座部佛教等宗教影响，甚至还有天主教。如今，茶马古道沿途各地的民居样式、衣着服饰、风俗民情、语言乃至房前屋后的宗教标志都千差万别，被形象地概括为“五里不同音，十里不同俗”。这种多元文化使茶马古道成为一条多姿多彩的民族文化走廊。

（4）茶马古道是人文精神与自然环境完美融合的文化景观。茶马古道经过的区域地形、地貌复杂多变。它是人类面对不利的自然环境，依靠自身的智慧和胆略，就地取材，突破障碍，变天堑为通途的杰出创造。它所彰显的人类的开拓进取精神，与周围奇伟险峻的山河景观相互映衬，使茶马古道成为拥有奇特感染力的文化景观。

1992年联合国教科文组织世界遗产委员会将文化景观正式列入文化遗产内容，过去它则处于文化遗产、自然遗产、文化与自然遗产混合遗产之外。1992年以来，人们对文化景观这种人与自然共同创造的文化结晶给予了更多的重视，这几年列入《世界遗产名录》的大多数的文化遗产都属文化景观遗产类别。中国连续九年，每年都有列入《世界遗产名录》的项目，其中很多属于文化景观。例如，今年申报成功的西湖就是典型的文化景观，去年登封“天地之中”古建筑群也是文化景观，前年五台山，再往前福建土楼以及此前的开平碉楼等都属于这一类。国际古迹遗址理事会和文化线路委员会都明确地指出，文化线路不是文化景观的类别，但是不能否认文化线路里包含着几乎所有的不可移动和可移动的文化遗产类别，其中包括大量的古遗址、古墓葬、石窟寺文化景观等，它的涵盖量很大。但是也要注意对文化景观的保护，例如茶马古道沿途美丽的自然风光：凤庆茶山、古道风光、三江并流、古道晚霞、香格里拉草甸、河流岸边的茶马古道。

独特而复杂的地理环境和生物资源是景观中宏阔的自然背

景，而茶叶种植、盐业生产、黑陶制造等生产活动，以及各类民居、宗教建筑、军事设施等，则在背景上添加了绚丽的人文色彩。这种人类通过对大自然实施最简单克制的干预而获得生存和发展空间的实例，也是茶马古道对现代社会的一种有益启示。

（二）保护茶马古道的现实意义

（1）有利于汉藏民族团结和稳定。

茶马古道是汉藏以及其他民族间深厚传统友谊的见证。虽然过去以茶易马的交换方式已不复存在，但内容更加丰富、形式更加多样的贸易联系仍然在藏汉两族和其他各族民众生活中占据着重要地位。唐代禁门关遗址，位于四川天全县,是边茶交易的交通要道，是当年背夫背茶进藏的必经之路。故此，禁门关对连接汉藏文化和经济交流起着不可估量的作用。在茶马古道基础上形成的青藏路、川藏路、川滇路等沟通内地与藏区的交通要道，都已为此做出巨大贡献；而那些分布在偏远地区，尚未被现代路网取代的古道分支，还会继续履行其历史使命，为当地藏民带来时代发展和社会进步的成果，以及汉族民众真诚友好的心意与帮助。茶马古道的存在使藏传佛教和茶叶结下了不解之缘。饮茶是僧人日常生活不可缺少的一部分，因为茶能使僧人“神志清醒，勤奋修行，增进智慧”。

（2）有利于弘扬各少数民族传统文化。

茶马古道连接多个少数民族区域，有些区域交通极为不便，其传统文化鲜为人知。通过对茶马古道的保护与宣传，将使这些地区的民族文化为更多的人知晓，有助于增强他们对民族文化的自信心和传承民族传统文化的积极性，这对保护民族地区文化多样性具有十分重要的意义。同时，伴随着学术界对茶马古道的深入研究和全社会对茶马古道的广泛关注，许多濒临灭绝的民俗、语言、史诗传说、服饰歌舞等，都将有望得到及时的记录和保护，使得这些古老文化不至于在现代文明的冲击下骤然毁灭。

（3）有利于带动地方经济社会发展。

茶马古道的有效保护不仅将为各学科学术研究提供基地，还将为当地提供可持续的旅游资源，同时吸引投资，增加就业，整体带动地方经济社会发展。云南境内茶马古道上的西双版纳、香格里拉便是突出的例子，当地近些年的旅游发展对当地其他产业和地方经济的整体拉动作用显著。

三、茶马古道保护面临的主要问题

上世纪90年代以来，茶马古道主题研究持续开展，关于茶马古道的历史沿革及主要路线走向，学术界已初步形成了较为完整统一的论述。然而，文化遗产，不同于纯学术研究，需要在研究的基础上，制定出更具体的管理手段和措施。概括起来，茶马古道的保护管理面临着以下几方面的问题。

（一）法律法规不完善，管理职责不清晰

由于各地没有出台关于茶马古道保护的地方专项法规，而导致茶马古道的遗产地位无法确立，缺乏有效的法律依据和支持，综合整治、合理利用等缺乏统筹协调，不利于保护工作的开展。同时，由于茶马古道线路庞大而分散，跨越众多行政区域，遗产保护管理力量分散，与茶马古道保护相关的文物、旅游、交通等部门管理职责不明，管理权限不清，国家和各级政府也缺乏在保护和管理方面的协调机制，结果导致茶马古道处于一种“保护管理无人过问，开发利用各自为政”的危险状态。有的地方一些与茶马古道相关的极具价值的遗存无人问津，有的地方把茶马古道的文化遗存给予了现

代因素的阐释，异常热闹，给人们一种错误的解读，这都是源于不同部门管理理念的不同以及各自利益的不同。

（二）整体保存状况较差，受到开发建设冲击

随着社会经济的发展和新型交通工具的引入，茶马古道各路段的传统功能和风貌有了不同的变化，尤其是很多支线的羊肠道逐渐消失，茶马古道的保护现状不容乐观。气候变化、环境污染等整体环境恶化，导致茶马古道面临生存威胁，遗产本体不同程度地面临着水患、风化、腐蚀等病害的侵蚀。一些地方在基础设施建设和旅游开发中缺乏长远战略眼光，不注意对文化资源的妥善保护，交通道路、市政管网、水利工程等的建设将茶马古道切割得四分五裂，使得古道的深刻历史内涵随着其外部风貌的大幅度改变而彻底丧失。

（三）研究工作不够深入，保护水平有待提高

虽然茶马古道学术研究已经做了大量的工作，取得了可喜的成果，但是从文化遗产保护的角度来讲，这仅仅是完成了基础研究阶段的工作，我们对茶马古道等文化线路遗产保护的科学研究不够深入，对茶马古道遗产内涵的认识、对保护对象和范围的认知等方面均存在较大差异，对文化线路遗产缺乏系统的调查和研究支撑以及具有针对性的文化线路遗产认定标准和保护理论框架，对文化线路遗产没有统一的保护策略和总体的保护规划，对文化线路遗产的保护方式方法等方面没有提出针对性的技术要求。这些因素都在制约着茶马古道文化遗产保护工作的推进。

四、茶马古道保护工作的开展情况

虽然茶马古道的保护管理工作存在许多问题和困难，但是在各级政府、各有关部门的积极推进下，茶马古道的保护工作取得了一定成果。

（一）开展专项调查，为保护工作提供支撑

茶马古道作为文化线路遗产，具有规模大、分布广、环境复杂等特点。全面调查了解文化线路遗产构成是对茶马古道实施有效保护的基础和先决条件。结合第三次全国文物普查，云南、四川、西藏等省区专门设立茶马古道调查研究专题，组织相关地、市文物部门对茶马古道文物遗迹进行调查、认定、登记。通过开展专项调查，进一步摸清了茶马古道的走向、线路、分布、相关文物遗迹和周边环境风貌等情况，为加强茶马古道的保护、管理和利用奠定了坚实的基础，为准确判断保护形势、科学制定保护政策和规划提供依据。

（二）申报各级文物保护单位，纳入法律保护范畴

各地在对茶马古道相关文化线路遗产进行认真调查梳理的基础上，将其中价值较高的遗产公布为各级别的文物保护单位，依法将其纳入文化线路遗产保护的范畴。

（三）重视公众参与，扩大社会影响力

茶马古道的保护离不开社会各界的支持与参与。近些年来，国家文物局及部分省份举办了“茶马古道遗产保护普洱论坛”“茶马古道文化线路研讨会”“首届普洱茶马古道节”“普洱茶艺术节”等活动。四川、云南等省的城市公园修建了以茶马古道为主题的雕塑。通过开展宣传活动，使各级地方政府更加关注和重视茶马古道的保护；使各相关行业专家学者能够交流茶马古道保护思想和经验；使社会民众全面了解茶马古道的历史和价值，唤起了他们的保护意识；使茶马古道成为新型文化遗产保护的一张响亮的名片，掀开了茶马古道保护的新篇章。

五、茶马古道保护思路和工作要点

茶马古道保护工作计划，应该分为整体保护思路和具体工作要点。其中整体保护思路包括构建主题区域、构建历史剖面、构建多种文化共生空间三个方面；具体工作要点包括加强组织领导，建立专项法规、夯实基础工作，深入发掘内涵、编制保护规划，制定保护措施、健康有序发展，防止过度开发、申报预备名单，做好申报世界文化遗产准备等方面。

（一）茶马古道保护总体思路

（1）构建主题区域。

茶马古道的不同区段在历史、自然条件、民族文化、遗存类别和保存状态，以及当前城市化程度等方面呈现出不同的特点，应当据此研究确定具有代表性、价值突出、基础条件具备优势的区段，将其划定为重点保护区域，定义保护主题，先行一步实施保护措施。

（2）构建历史剖面。

保护和再现茶马古道在不同时代背景下的关键要素，是茶马古道保护与展示所要达到的重要目的。应当在茶马古道沿线建立不同时期节点的历史剖面，集中再现茶马古道在那一时刻的真实风貌。文化线路相对于一处单体遗产的优势在于，由于不同地域随时代发展的步伐有疾缓之分，受外界的影响有深浅之别，各个历史阶段留下的印迹散布在相对广大的空间里，彼此并未完全叠压，便于我们更加清晰地了解它的发展脉络。

（3）构建多种文化共生空间。

茶马古道的保护必须与沿途多种民族文化的保护紧密结合，

抵制城市建设带给文化线路遗产本体的冲击的同时，也必须防范大量涌入的外来文化对当地原生文化的冲击。作为茶马古道所依托的背景环境，多种文化和谐共生的局面已成为文化线路遗产不可分割的有机组成部分。在实施茶马古道整体保护过程中，应当充分考虑为沿途各地的多种原生民族文化保留延续的空间，只有这样，茶马古道的价值和生命力才不至于被剥离。

（二）具体工作安排要点

（1）加强组织领导，建立专项法规。

各级政府的重视是做好茶马古道保护工作的前提。应建构高层次的管理协调机制，按照“政府主导、社会参与、明确职责、形成合力”的工作思路，加大资金的支持力度。在茶马古道文化遗产保护方面，雅安带了一个好头，此次论坛的召开表明茶马古道在社会经济发展、在地域特色文化的保护方面有着非常重要的作用。对于一些带有共性的问题，各省文物部门应加强沟通，积极开展跨区域、跨部门合作，相互借鉴，共同探讨有效的解决方案，增强茶马古道保护工作的整体协调性。与此同时，鼓励有条件的地区制定并颁布茶马古道地方专项法规，进一步确立茶马古道的文化线路遗产地位，明确各部门的职责分工，规范茶马古道保护区域内的各种开发、建设活动，依法对其实施长期保护。

（2）夯实基础工作，深入发掘内涵。

各地应当在第三次全国文物普查工作的基础上，对茶马古道遗产构成进行深入调查梳理，依靠田野调查和民族志研究成果，进一步查证其历史沿革和现实状态，同时对各类遗存的文化内涵进行深入的剖析，理清各种民族文化对古道形成和发展的作用。应当采取多学科综合研究方法，从考古、历史、民族、宗教、民俗、地理等多角度考察遗产的构成、属性，全面归纳茶马古道遗产的价值，同时还要进行深入细致的勘察、测绘等工作，为文化线路遗产准确定位。在此基础上开展专题研究，制定茶马古道遗产整体保护的宏观战略。

四川茶马古道文化遗产保护（雅安）研讨会（2011年8月21日）

（3）编制保护规划，制定保护措施。

鉴于茶马古道的规模及对保护管理的客观需要，可以先行编制茶马古道保护规划大纲，以此指导各地编制省级和地州级茶马古道保护详细规划，科学规划遗产保护、管理、展示、利用等各方面内容，明确保护管理措施和要求，分期实施目标和工作步骤，为开展工作提供有效的指导。规划应与地方经济社会发展总体规划，城镇建设、水利、交通、环保等专项规划充分衔接，确保在实践中的可操作性。各省茶马古道的保存状况不尽相同，保护中面临的困难和挑战也多种多样，应当依据保护规划，因地制宜开展茶马古道保护工作。

（4）健康有序发展，防止过度开发。

应针对茶马古道线型遗产的特点，研究文化线路遗产展示的最佳途径和方法，以此带领相关旅游活动的健康开展，突出自然天成的文化特色，避免对遗产和景观造成过度干扰。在旅游发展过程中，应特别注意维护当地民众的利益，维护他们与遗产的原有关系和传统相处方式，避免为外来者及其经营行为所取代。茶马古道的自然属性决定了游客体验有可能是对文化线路遗产本体的直接踩踏，同时全程的无限开放也使得部分旅游行为发生在管理部门的视野之外，游客的安全、文化遗产的安全都将存在重大隐患，这些都是我们工作中必须面对的挑战。

（5）申报预备名单，做好申报世界文化遗产准备。

申报世界文化遗产是向国际范围内宣传茶马古道遗产价值，展示茶马古道遗产保护成果，并主动接受未来的国际监督的一种途径。成功申报世界文化遗产将大幅提升茶马古道遗产的国际认知度，并能整体规范和完善各项保护管理工作，值得鼓励和支持。各省可在全面做好上述工作的基础上，将茶马古道先行申报列入我国《世界文化遗产预备名单》，并依照《实施保护世界文化和自然遗产公约操作指南》的要求，不断完善，为申报世界文化遗产创造有利条件。

茶马古道是世界上地势最高的文化传播古道之一，是中华民族勤劳智慧的结晶，是世界文化史上不朽的丰碑。她千年不息，孕育了多姿的地域文化，丰富了不朽的中华文明。让大家携起手来，保护好我们共同的文化遗产——茶马古道！

在嘉峪关世界文化遗产保护座谈会上的讲话

（2011年9月1日·甘肃嘉峪关）

嘉峪关是明代万里长城西端的起点和“丝绸之路”河西走廊段的交通咽喉，也是我国现存保存最完好的长城关口之一，具有极高的历史、艺术、文化和社会价值。1961年，“万里长城——嘉峪关”被国务院公布为第一批全国重点文物保护单位。1987年，经联合国教科文组织世界遗产委员会同意，嘉峪关作为长城的重要组成部分被列入《世界遗产名录》，成为我国首批世界文化遗产。

甘肃嘉峪关关城（2011年8月31日）

“十一五”期间，经国务院同意，国家文物局组织实施了长城保护工程，全面开展了各时代长城资源调查工作。经商财政部，国家文物局在“十一五”期间安排经费4 270万元，用于包括嘉峪关在内的甘肃省各时代长城资源调查、长城遗址本体保护等工作，摸清了包括嘉峪关在内的甘肃省内各时代长城资源家底。2011年，国家文物局又安排经费2 180万元，用于甘肃省历代长城保护工作，其中包括专项经费600万元，用于嘉峪关关城保护修缮、长城第一墩本体保护、崖体加固及防洪工程建设。

通过广大文物工作者的不懈努力，嘉峪关文化遗产保护和管理的总体水平不断提升。嘉峪关关城及其周边长城墙体、壕堑、墩台等重要文物均得到原址保护，确保了世界文化遗产的完整性。部分因自然或人为因素面临破坏威胁、存在重大险情的长城遗址本体也得到了保护加固。同时，在嘉峪关市政府的高度重视和大力支持下，嘉峪关关城周边环境，尤其是关城以西自然、荒凉、空旷的戈壁风貌得到妥善保护，嘉峪关市城市发展给文化遗产保护带来的压力得到有效控制，维护了嘉峪关古朴、雄浑的历史面貌。嘉峪关关城周边也初步建立起一套较为完善的、服务于文化遗产展示、利用及游客管理的基础设施，初步实现了文化遗产保护惠及民众的目标。

甘肃长城嘉峪关第一墩（2011年8月31日）

近期，嘉峪关文物保护规划、嘉峪关关城保护工程，长城第一墩文物保护防洪工程，以及嘉峪关保护相关规划和工程设计方案等，已由相关专业机构遵照世界文化遗产保护的标准和要求编制完成，并经有关专家充分论证同意后，由国家文物局批复同意。这些规划和方案将为继续推进世界文化遗产——嘉峪关文化遗产保护工作，统筹文化遗产的保护、管理、展示与利用奠定坚实基础。与此同时，我们也注意到，嘉峪关文化遗产本体保护仍然面临一些自然或人为因素的影响，也有部分专家认为需要对嘉峪关早期实施的部分建设项目对该处文化遗产的真实性和完整性、景观风貌的影响进行进一步评估。

为此，对下一阶段开展嘉峪关文化遗产保护工作提出以下几点意见。

甘肃嘉峪关文化遗产保护工程启动仪式（2011年11月17日）

一是规划先行，抓住重点。文物保护规划是文物保护、管理和利用工作的前提。嘉峪关文物保护规划已由国家文物局批复同意。请有关部门督促规划编制单位抓紧时间按照国家文物局批复文件的意见，对保护规划进行修改完善，并尽快报请甘肃省政府颁布实施。在下一阶段的工作中，世界文化遗产地管理机构应根据保护规划相关条款的要求，按照轻重缓急的原则，集中力量消除嘉峪关各类文化遗产面临的安全隐患，开展嘉峪关关城墙体、木构建筑修缮及长城第一墩加固等文物本体保护工作，嘉峪关关城遗产监测系统建设，以及长城沿线防洪设施建设等环境整治工作。力争在“十二五”期间基本完成对嘉峪关关城及嘉峪关市内各时代长城的抢救性保护工作。

二是保持原状，最小干预。嘉峪关关城始建于明洪武五年（1372年），距今已有600多年的历史。嘉峪关各类文化遗产经过戈壁荒漠数百年的自然侵蚀，已呈现出自然、古朴、粗犷并且较为稳定的历史风貌，这是嘉峪关文化遗产真实性和突出普遍价值的重要体现，也已成为嘉峪关突出的景观特色。在嘉峪关文化遗产保护工程实施过程中，必须严格遵循“不改变文物原状”和“最小干预”的保护原则，以保护嘉峪关关城及长城墙体的历史格局为主，尽可能减少对文物本体的直接干预，切实维护文化遗产的历史风貌。对于确实存在安全险情的情况，例如受洪水威胁的长城墙体和受冻融影响的关城墙体等，应按照原工艺、原做法，在保护好不同时期的历史遗存、遗迹的前提下，对文物本体进行加固、保护，在没有确凿证据和充分的必要性时，不应对各类长城遗址进行修复、复原或重建，避免影响文物本体的真实性，对文物造成“保护性破坏”。

三是加强研究，科学推进。在全面调查、勘测和深入研究的基础上，确定嘉峪关文化遗产保护工作的总体工作计划和分期实施计划，以及文物本体保护的主要原则和技术路线。计划于近期实施的项目，应在详细的文物保存现状和病因病害分析及遗产价值构成研究的基础上，确定各项目的保护技术措施，并进行充分的现场试验，以确保各类措施的有效性和延续性。实施各项目之前，都要进行深入的现状勘查分析和充分的科学论证，组织具有文物保护工程相应资质的专业机构，在充分研究史料和现存实物的基础上，编制保护设计方案。对于环境整治、展示、服务设施建设项目，在制定设计方案前，应组织文物考古专业机构进行考古调查和文物环境影响评估，切实保护好文化遗产的周边风貌。

四是加强管理，提高绩效。为妥善保护好、传承好、利用好嘉峪关这一全人类共有的、珍贵的历史文化遗产，“十二五”期间，国家文物局将商财政部，继续加大对嘉峪关文化遗产保护工作的支持力度，在经费和政策上给予重点支持。进一步建立健全完善的工程管理规章制度，以及工程组织实施、招投标、资金管理等方面的细则，实现严格的制度化、规范化管理，提高专项资金使用绩效。

甘肃嘉峪关文化遗产保护工程工作汇报会（2011年11月17日）

国家文物局近期还将组织有关专家再次赴嘉峪关进行现场调研，按照嘉峪关文物保护规划，进一步确定近期嘉峪关保护工程项目，指导地方做好文物保护工程方案的编制工作。同时充分发挥专业机构和专家的咨询作用，加强对保护工程实施过程的现场检查和督促，确保嘉峪关文物保护工程取得良好的成效，使世界文化遗产的突出普遍价值及其真实性、完整性永续流传。

在“蜀道文化线路保护与申遗”座谈会上的总结发言

（2011年9月11日·四川成都）

今天，十分荣幸地受张梅颖副主席和陈福今主任的委托，代表全国政协“蜀道文化线路保护与申遗”专题调研组，就本次调研活动情况和下一步推进蜀道文化线路保护与申报世界文化遗产工作，做一发言。

由全国政协张梅颖副主席亲自带队，全国政协文史和学习委员会与四川、陕西两省政协联合组织，蜀道研究相关领域专家学者和新闻工作者组成的“蜀道文化线路保护与申遗”专题调研组，在四川、陕西两省省委、省政府、省政协的大力支持、精心组织和周到安排下，经过9天紧张忙碌的实地考察和交流研讨，取得了阶段性重要成果，调研活动将于今天圆满结束。四川、陕西两省对本次调研高度重视。四川省委刘奇葆书记、蒋巨峰省长，陕西省委赵乐际书记、赵正永省长等领导同志与调研组进行了亲切的交流。陶武先主席亲自策划了在四川省的调研活动。请允许我代表调研组全体成员，向两省领导以及为保障本次调研顺利进行而辛勤劳动的朋友们，致以最诚挚的感谢！

自9月4日调研活动在古都西安正式启动以来，调研组在陕西、四川两省，沿蜀道陈仓道自西安经宝鸡至汉中，沿金牛道从广元经绵阳、德阳至成都，行程1 500余千米，沿途进行实地考察，并在广元市与蜀道沿线城市领导和相关部门代表共同举行“蜀道文化线路保护与申遗研讨会”，广泛听取沿线各地关于蜀道文化线路保护与申报世界文化遗产工作的情况介绍，各位全国政协委员和专家学者对蜀道文化线路保护与申报世界文化遗产工作认真进行研究分析，提出了很多学术严谨、观点鲜明、极具价值的宝贵意见和建议。

正如张梅颖副主席在启动仪式上的讲话所指出的，在蜀道文化线路保护工作承上启下的关键时期，全国政协希望通过开展此次调研活动，进一步摸清蜀道文化线路的基本情况、把握存在的关键问题、明确下一步的工作思路，把蜀道文化线路保护与申报世界文化遗产工作推向新的阶段，努力营造关注蜀道、宣传蜀道、保护蜀道的文化环境与社会氛围，最终实现以高度的文化自觉和文化自信推动蜀道文化线路保护与申报世界文化遗产。在调研过程中，各位委员、专家学者、沿线各地代表对蜀道文化线路保护与申报世界文化遗产工作建言献策，发表真知灼见，无疑将对蜀道文化线路保护与申报世界文化遗产工作起到积极的推动作用。

近年来，全国政协围绕大运河、杭州西湖文化景观、新疆坎儿井等文化遗产保护与申报世界文化遗产工作，开展了形式多样的专题调研和协商议政活动。尤其是在全国政协的高度重视和大力支持下，杭州西湖文化景观今年成功申报世界文化遗产；涉及8个省、直辖市35座城市的大运河保护与申报世界文化遗产工作，正在稳步推进，计划明年完成申报文本的准备工作，有望于2014年成功申报世界文化遗产。作为世界文化遗产保护与申报管理工作的主管部门，国家文物局深切感动于全国政协长期以来对我们工作的正确领导和关怀支持，也衷心感谢全国政协、全国政协文史和学习委员会、各位专家学者对蜀道文化线路保护与申报世界文化遗产工作的高度重视和大力推动。

在广元召开的“蜀道文化线路保护与申遗研讨会”上，张梅颖副主席做了十分精辟而重要的讲话，使我们深受鼓舞，对蜀道文化线路保护与申报世界文化遗产工作充满信心。刚才，各位委员、专家学者就蜀道文化线路保护与申报世界文化遗产工作的顺利开展，又发表了很好的意见和建议，也使我们备受启发。下面，我向大家汇报对蜀道文化线路保护与申报世界文化遗产工作的认识和想法，希望得到各位领导同志、政协委员、专家学者、有关部门代表和新闻媒体朋友们的批评与指正。

一、关于我国文化线路保护与蜀道文化线路保护

世纪之交，文化线路被认作一种新型文化遗产。从1998年国际古迹遗址理事会（ICOMOS）成立文化线路科学委员会（CIIC），到2002年文化线路科学委员会通过《马德里共识》，从2005年10月在我国西安召开的国际古迹遗址理事会第15届大会暨科学研讨会上形成有关《文化线路宪章（草案）》的决议，再到2008年10月国际古迹遗址理事会第16届大会正式通过该宪章，文化线路保护在国际社会和我国文化遗产保护领域，引起了广泛关注。

《文化线路宪章》界定了文化线路的概念，即文化线路是一种陆地道路、水道或者混合类型的通道，代表了民众的迁徙和流动，代表了一定时间内国家和地区内部或者国家和地区之间民众的交往；代表了多维度的商品、思想、知识和价值的互惠和持续不断的交流，代表了因此产生的文化在时间和空间上的交流与相互滋养。此外，文化线路还将与之相关的历史关系和文物融入动态的系统当中。

文化线路作为文化遗产保护领域的前沿概念，反映出一种影响当前文化遗产演变和扩展的新思路，注重对文化遗产背景环境和相关区域整体价值重要性的认同，注重揭示由不同层面构成的文化遗产的宏观结构。文化线路所提出的新的保护规范，涉及文化遗产的跨地域保护和对文化遗产价值的综合考虑，呼吁共同努力、联合保护；涉及在尊重每个独立要素固有价值的同时，强调将每个独立存在的文化遗产作为一个整体组成部分来评估其价值。

在我国历史上，人类的迁徙、流动和跨地域交往从未停止，先后形成了丝绸之路、大运河、茶马古道、蜀道等多种功能的文化线路。文化线路的研究与保护，为我国文化遗产保护提供了新的视角，同时也为文化遗产保护融入经济社会发展提供了新的思路。目前，我国大运河和丝绸之路两项文化线路正在进行世界文化遗产申报工作，茶马古道文化线路保护工作也已经提上议事日程。在此次调研活动中，我们又共同见证了《蜀道文化线路保护与申遗广元共识》的顺利通过，见证了蜀道文化线路保护与申报世界文化遗产工作正式启动。至此人们看到，丝绸之路、大运河、茶马古道、蜀道等文化线路的保护与申报世界文化遗产行动相继展开，它们之间相互呼应、合作交流、共同促进，在祖国辽阔的大地上，形成气势磅礴的文化遗产保护格局，充分展示中国政府、中国人民保护人类共同文化遗产的坚定决心和宏阔气势。

“蜀道”是历史文化内涵极为丰厚的语汇。近年来，随着文化线路研究与保护的不断深入，对蜀道文化线路的研究、认识和保护也逐渐深化。学者们普遍认为，“蜀道”是“秦蜀古道”的专有名称，是对历史上连接关中与成都平原、穿越秦岭、分布于川陕交界区域的一系列道路的统称，正所谓“栈道千里，通于蜀汉”。在过去的9天中，我们实地领略了该区域蜀道的险峻、秀美、沧桑和博大，我们前行在松柏掩映的古道中，行走在布满履痕的石板上，内心充满激动与感动，由衷赞美我们祖先用脚走出的这部经典历史。

四川明月峡古栈道（2011年9月7日）

专家们普遍认为，蜀道从商周时期初步开通至今，已有3 000多年历史。几天来，我们流连忘返于江岸山麓的崎岖蜀道上，遥想数千年来的逶迤秦岭、滔滔嘉陵，数千年来的凿壁声声、栈道横空，数千年来的雄关漫漫、古柏翠翠，数千年来的空山行路、驿铺连道。感谢我们祖先赋予了蜀道如此丰富的文化内涵和突出价值，使之成为中原与西南地区交流的纽带，成为传承中华文明的重要载体，成为全人类共有的宝贵财富。我们在为蜀道文化线路举世无双的文化价值折服的同时，也深深感到保护与申报世界文化遗产的重大责任。

通过调研我们认识到，蜀道文化线路是现今我国乃至世界保存最为完好的文化线路之一。蜀道文化线路展现了我国古代交通形态演变的历史进程，代表了我国古代道路筑造工程的技术精华，创造了我国古代交通史的奇迹。蜀道文化线路是中华民族贡献给人类社会的独特文化遗产，推动其保护与申报世界文化遗产是我们的神圣使命和光荣职责。

通过调研我们认识到，蜀道文化线路是人类面对不利的自然环境，依靠自身的智慧和胆略，就地取材，突破障碍，变天堑为通途的杰出创造。蜀道文化线路所彰显的人类开拓进取精神，与周围奇伟险峻的山河景观相互映衬，成为人类与自然共生的完美见证，成为人文精神与自然环境完美融合的文化景观，具有突出的普遍价值。

通过调研我们认识到，蜀道文化线路所处地域，具有地理环境的多样性、气候条件的多样性、生物资源的多样性、时代特征的多样性、民族文化的多样性，因此，必然形成文化遗产价值认定的多样性和保护方式的多样性。跨地域、跨学科、跨部门、跨系统的专家学者和相关部门需要共同研究、通力合作，更加科学地推动蜀道文化线路保护与申报世界文化遗产的顺利开展。

通过调研我们认识到，蜀道文化线路是由文化要素与自然要素、静态遗产与动态遗产、可移动文物与不可移动文物、古代遗址与近现代实物、文化景观与文化空间共同构成的活态混合遗产，是由点、线、面共同组成的文化遗产廊道。需要充分尊重和深刻理解蜀道文化线路的综合价值，保护其真实性和完整性，更加全面地推动蜀道文化线路保护与申报世界文化遗产工作。

通过调研我们认识到，保护蜀道文化线路首先要以现存各个历史时期的道路遗存为主线，其中不但包括在交通、军事、商贸、文化、宗教等方面与蜀道密切关联的古关隘、古渡口、古城寨、古寺庙、古邮驿、古客栈、古桥、古塔、行道古树等，而且包括沿线城镇结构、山水格局以及民俗文化等，因此应该更加综合地探索蜀道文化线路所涉及的文化范畴。

四川大朝古驿道（2011年9月7日）

二、关于蜀道文化线路保护状况及存在的主要问题

由于历史的原因，蜀道文化线路保护一度没有得到应有的重视。例如1961年国务院公布的第一批全国重点文物保护单位“褒斜道石门及其摩崖石刻”，于20世纪70年代修建褒河水库时，包括“石门十三品”在内的17方摩崖石刻，被迫离开它们的原生环境，迁移至汉中市博物馆，而大量蜀道文化线路上的珍贵文化遗产，则被褒河水库淹没，留下了深刻的教训和长久的遗憾。

近年来，蜀道文化线路的研究与保护引起了社会的广泛关注。在专家学者的积极参与下，一系列专题调研和学术研讨活动相继举办。与蜀道文化线路密切相关的张良庙、武侯墓、灵岩寺、千佛崖摩崖造像、七曲山大庙、庞统祠墓、皇泽寺摩崖造像和剑门蜀道遗址等诸多重要文化遗存，已被公布为全国重点文物保护单位，被纳入了依法保护的范畴。

近年来，蜀道文化线路沿线各地政府积极组织文化遗产资源调查，结合沿线不同地段文化遗产特点，开展保护与研究工作，形成多种形式的调研成果，不断提升保护理论认识和实践水平，在第三次全国文物普查、第七批全国重点文物保护单位遴选中开展大量艰苦细致的工作，使一批重要的蜀道遗迹被发现，使蜀道文化线路的构成内容不断丰富，对其价值的认识不断深化。

近年来，蜀道文化线路沿线各级政府积极组织保护规划编制和专业咨询工作，积极开展文化遗产本体保护及周边环境整治，积极搭建文化遗产保护协商工作机制，积极动员社会各界参与蜀道文化线路保护，积极寻求多渠道汇集文化遗产保护资金，增加对蜀道文化线路保护的投入，其中各级财政的资金投入发挥了重要的支撑和带动效应。

虽然，目前蜀道文化线路保护已经进入人们视野，相关保护工作已经在各地陆续启动，但是，蜀道文化线路的保护状况仍然令人担忧，例如缺少保护蜀道文化线路的专项法规，缺少对蜀道文化线路遗产资源的详细普查。目前已经登记保护的蜀道文化线路沿线不可移动文物，只是这座文化遗产宝库中很少的一部分，由于家底不清，还有大量珍贵的文化遗产尚未纳入保护视野。

我们注意到，由于蜀道文化线路原初的重要历史作用已经基本丧失，加上数千年风雨飘摇，文化遗产保护现状令人担忧。一些历史建筑年久失修，一些考古遗址被不合理占压，一些古道遗址被现代道路所取代，这些都亟待抢救保护。同时，由于缺少预防性保护措施，气候变化、环境污染等整体环境恶化导致蜀道文化线路遗产面临生存威胁。

我们注意到，当前城乡建设与文化遗产保护的矛盾依然突出。一些地方忽视文化遗产资源的独特文化价值，注重追求经济利益和眼前利益，在所谓“旧城改造”和“危旧房改造”中，忽视历史文化名城、历史文化街区保护，导致文化特色逐渐消失。在农村建设中，对历史文化村镇和乡土建筑实行拆、迁、整、改、并，造成大量民族民间文化遗产在短时间内被集中损毁。

我们注意到，跨地域的交通道路、市政管网、水利工程等基础设施建设的大规模展开，以及在建设工程可行性研究阶段缺乏文化遗产保护评估环节，使蜀道文化线路被切割得四分五裂，整体性保护受到严峻挑战。同时，区域范围内电力、通信、天然气管道的建设以及工业生产、农业灌溉、林木种植、矿业开采等，都经常出现对蜀道文化线路造成破坏的现象。

我们注意到，不正确的文化遗产保护理念、不负责任的过度旅游开发行为，对蜀道文化线路造成的不良影响和保护问题也不可低估。一些文物旅游景区超载开发，盲目复建历史古迹，人工化、商业化现象严重，使真实的历史信息遭到破坏；在未经专家论证、未履行审批手续的情况下，对一些文物建筑实施不正确的保护工程，造成“保护性破坏”。

我们注意到，由于蜀道文化线路保护负担重，历史欠账多等原因，总体上对文化遗产保护的投入与实际需求之间，仍然存在较大差距。同时，文化遗产保护科学技术研究与应用推广、文化遗产保护人才培养和队伍建设、文化遗产保护安全防范和反应性监测等涉及蜀道文化线路全面、可持续保护问题的众多方面，依然受到投入不足的严重制约。

三、全力以赴共同推进蜀道文化线路保护与申报世界文化遗产工作

长期以来，由于我们认知的局限，蜀道文化线路的综合价值被忽视与低估。今天，蜀道文化线路保护与申报世界文化遗产工作，应该成为我国文化遗产保护的重要任务。蜀道文化线路保护与申报世界文化遗产是一项复杂的系统工程，具有紧迫性与艰巨性。目前蜀道文化线路保护与申报世界文化遗产的各项工作尚显薄弱，需要有针对性地扎实开展相关基础工作。

四川剑门关（2011年9月7日）

（1）开展资源调查。应积极组织力量，抓紧做好蜀道文化线路遗产资源调查、文化遗产价值认定工作。明确蜀道文化线路的

遗产构成、历史沿革和保护对象，开展文化遗产价值评估和与国内外同类文化遗产的比较研究。在此过程中，还应注意安排必要的考古调查，充分发挥考古成果对蜀道文化线路保护和研究工作所具有的实证作用。

（2）编制保护规划。应坚持保护规划先行，根据世界遗产委员会关于文化线路类型的相关标准，编制蜀道文化线路保护规划。统一组织，分别制定蜀道文化线路沿线各相关城市段的保护规划、各省段的综合保护规划和蜀道文化线路全线的总体保护规划以及相关专业规划，通过保护规划的编制，明确保护原则、保护对象、保护范围、保护期限和保护重点等各项内容。

（3）公示保护成果。应将在文化遗产资源调查和考古调查工作中发现的重要文化遗产，及时公布为相应级别的文物保护单位，根据文化遗产价值提高保护等级。公布第三次全国文物普查成果，赋予蜀道文化线路遗产应有的法律地位，设立文物保护机构，设置文物保护标志，既满足蜀道文化线路宣传，又起到文化遗产保护公示的作用。

（4）深化科学研究。应针对蜀道文化线路的复杂性，开展跨学科、跨领域、跨部门的科学研究。作为新型文化遗产，蜀道文化线路保护和申报世界文化遗产涉及众多学科领域，包括人文社会科学、自然科学、工程与技术科学等。建议根据蜀道文化线路保护与申报世界文化遗产的需要，成立由多学科专家组成的专家组，重点研究解决蜀道文化线路保护与申报世界文化遗产中遇到的学术和技术难题。

（5）实施保护工程。应加大对蜀道文化线路沿线重要文化遗产的抢救性保护力度，包括对古代建筑的保护修缮，对考古遗址的保护展示，对文化景观的保护整治，对可移动文物的保护征集等。同时，应实现抢救性保护与预防性保护的有机结合，切实防止城市化加速进程中大规模城乡建设和基础设施建设对蜀道文化线路遗产的破坏。

（6）健全管理机制。应将蜀道文化线路保护与申报世界文化遗产过程，作为规范相关保护管理工作和完善各项保护管理措施的过程。从整体上把握蜀道文化线路保护与申报世界文化遗产工作的各项任务，建立保护管理、研究监测、专家咨询等保护管理机制，确立符合蜀道文化线路保护特点和实际需要的工作模式。加强法规制度建设，及时出台关于蜀道文化线路保护的专项法规。

（7）强化保护管理。应加大对蜀道文化线路保护与申报世界文化遗产过程的监测管理，有效指导蜀道文化线路沿线城乡开发建设、基础设施建设、农业生产活动和农村房屋建设。正确处理文化遗产保护与开展文化旅游的关系，树立负责任旅游、可持续旅游的理念，避免不当建设和过度旅游开发对蜀道文化线路造成的破坏，有效提升蜀道文化线路保护的制度化、规范化和精细化管理水平。

（8）加强统筹协调。应将蜀道文化线路保护与申报世界文化遗产工作纳入沿线各级政府的重要议事日程，明确保护与申报世界文化遗产的工作目标、重点任务和实施进度。针对蜀道文化线路遗产分布范围广、涉及城市多，联系不同部门的实际情况，统筹协调蜀道文化线路保护与申报世界文化遗产的各项工作，及时研究解决工作进展过程中存在的重点、难点和焦点问题。

（9）设立组织机构。应成立由相关省、市政府主导的蜀道文化线路保护与申报世界文化遗产工作领导小组，以文化、文物、国土、建设、财政、交通、水利、旅游、农业、林业等相关职能部门为成员单位，切实加强蜀道文化线路保护与申报世界文化遗产的组织协调力度。同时，从工作层面上成立蜀道文化线路保护与申报世界文化遗产城市联盟，明确牵头城市，并设立办公机构。

（10）加大投入力度。应不断加大各级财政对蜀道文化线路保护的投入力度。在坚持以国家保护为主的同时，不断拓宽保护资金的经费来源渠道。根据保护工作需要，及时编制和储备保护工程方案，加大国家文化遗产专项资金对蜀道文化线路遗产保护的投入，集中人力、财力、物力，下大力气做好蜀道文化线路保护与申报世界文化遗产工作，并确保专项资金使用的安全和效益。

（11）实现社会动员。应充分发挥新闻媒体的宣传作用，广泛动员社会民众参与蜀道文化线路保护行动，研究制定发挥社会民众主体地位和作用的政策措施，拓展社会各界参与文化遗产保护的渠道，发挥社会组织的积极作用，不断为蜀道文化线路保护与申报世界文化遗产凝聚人心、增添力量。在强调各级政府保护文化遗产职责的同时，大力弘扬广大民众自觉保护文化遗产的奉献精神。

（12）做好申报世界文化遗产准备。应按照专业规则的程序，做好蜀道文化线路申报世界文化遗产的各项准备工作。世界文化遗产申报专业性较强，必须遵循联合国教科文组织及其相关国际咨询机构制定的专业规则。国家文物局支持蜀道沿线省、市开展蜀道文化线路申报世界文化遗产的各项准备工作，并将根据国际文化遗产保护的形势发展和我国文化遗产保护工作的最新进展，及时考虑蜀道文化线路申报世界文化遗产的整体安排。

申报世界文化遗产是向国际社会宣传蜀道文化线路的突出价值，展示文化遗产保护成果，并主动接受国际文化遗产保护监督的一种有效途径。申报世界文化遗产是为了更好地保护和永续地传承文化遗产。根据联合国教科文组织《实施世界遗产公约操作指南》的规定，缔约国每年的申报世界文化遗产项目，应从现有的《世界遗产预备名单》中产生。2011年4月，国家文物局正式启动了更新《中国世界文化遗产预备名单》工作，所有拟申报列入预备名单的项目，应在2012年3月底前提交编制完成的保护规划和申报文本。就目前蜀道文化线路保护与申报世界文化遗产工作进展而言，时间紧迫，任务艰巨。

蜀道文化线路保护与申报世界文化遗产的目标是，通过保护与申报世界文化遗产行动，使蜀道文化线路获得应有的尊严，使保护与申报世界文化遗产成为促进经济社会发展的积极力量，使保护与申报世界文化遗产成果惠及广大民众。

强调维护蜀道文化线路应有的尊严，就是要依法落实各级政府保护文化遗产的责任，使人们从思想上认同民族文化、民族精神，用世界的眼光、历史的眼光和发展的眼光，深刻认识蜀道文化线路的价值，认识蜀道文化线路保护的现实意义。通过蜀道文化线路保护与申报世界文化遗产，将丰厚的文化遗产资源，转化为国家和地区的文化软实力，让蜀道文化线路成为人们生活中最美丽的地方、最有尊严的地方、最具魅力的地方、最有品位的地方，为当地民众带来欢乐和幸福的地方，成为国家和地区的骄傲。

强调蜀道文化线路保护与申报世界文化遗产成为促进经济社会发展的积极力量，就是要正确处理保护与发展的关系。促进经济社会发展，既是实现文化遗产价值、赢得社会尊重的现实需求，也是文化遗产保护向前推进的根本保证。通过一系列文化遗产保护的创新实践，找准蜀道文化线路保护与经济社会发展的结合点，实现文化遗产保护与经济社会发展共赢，从根本上扭转蜀道文化线路保护的被动局面，使蜀道文化线路保护与申报世界文化遗产，成为既有利于文化遗产保护，又有利于当地经济社会发展的成功范例。

强调蜀道文化线路保护与申报世界文化遗产成果惠及广大民众，就是要结合蜀道文化线路保护、相关环境整治，改善当地生活基础设施，改善当地民众的生活环境。广大民众是蜀道文化线路的创造者、使用者和守护者，是文化遗产的真正主人。广大民众的积极参与和支持，是蜀道文化线路的未来和希望。实践证明，只有当地民众倾心地、持久地自觉守护，才能实现蜀道文化线路应有的尊严，有尊严的文化遗产才具有强盛的生命力；只有广大民众积极投入蜀道文化线路保护之中，才能使保护形成强大的社会意志。

蜀道文化线路植根于特定的人文和自然环境，与当地民众有着天然的历史、文化和情感联系，这种联系已经成为蜀道文化线路价值体系中不可分割的组成部分，忽视和割断当地民众与蜀道文化线路的历史渊源和现实联系，必将损害文化遗产的自身价值，甚至危及蜀道文化线路存在的基础。因此必须大力推动文化遗产保护成果惠及当地民众，给当地民众的现实生活带来实实在在的好处，使广大民众在参与蜀道文化线路保护上“各尽其能”，在共享文化遗产保护成果上“各得其利”。

蜀道文化线路保护与申报世界文化遗产使命崇高，责任重大。“一分耕耘，一分收获”，只要我们持之以恒、科学严谨地做好蜀道文化线路保护工作，“申报世界文化遗产的道路自然就平坦了”。此次全国政协“蜀道文化线路保护与申遗”专题调研意义重大，必将有力推动蜀道文化线路保护和申报世界文化遗产的早日实现。

在广元千佛崖石窟保护工程开工仪式上的讲话

（2011年10月12日·四川广元）

今天，我们怀着激动的心情，在这里为“广元千佛崖石窟保护工程”举行开工仪式！

广元千佛崖石窟是古蜀道入川的必经之路，也是佛教传入四川的第一站，被誉为“蜀道上的明珠”。石窟始凿于北魏时期，此后历代均开凿，现存850余龛，造像7 000余尊，是国内同时期石窟的典型代表。石窟造像表现手法独具特色，融合了民间艺术和外来文化的精华，对研究中国美术史和雕刻艺术史都有着极其重要的价值。1961年4月，广元千佛崖石窟被国务院公布为首批全国重点文物保护单位。

受自然风化、雨水冲刷和人为环境改变所带来的破坏，广元千佛崖石窟的保存状况令人担忧。特别是老川陕公路从崖下穿过，每天大量的汽车尾气、震动对石窟造成了很大的伤害。此外，由于以往千佛崖保护缺乏统一规划，周边私搭乱建情况严重，对其整个环境风貌造成了较大的破坏。广元千佛崖石窟维修保护和环境整治工作已是势在必行。令人欣喜的是，我们看到广元市政府以四川地震灾后重建为契机，于2009年投资新建了千佛崖隧道，将川陕公路改道，对保护区内的不协调建筑、企业厂房等进行了搬迁整治，有效改善了千佛崖石窟的周边环境，为千佛崖石窟文物保护工作的实施创造了必要的条件。

从20世纪80年代开始，国家文物局就陆续拨付专款对千佛崖石窟病害进行治理，先后开展了石刻防风化处理、危岩加固、渗水治理等保护工作，并取得了积极的成效。近几年，国家文物局也一直在积极探索千佛崖石窟保护的新思路和新方法，例如考虑建整体性的保护棚等，目前这些新方法和新模式都还在进一步深化完善中。2008年四川汶川大地震发生后，千佛崖石窟受到了一定损坏，国家文物局会同四川省文物局在第一时间调动国内一流的文物保护工程勘察设计单位开展对口技术援助，进行现场勘察，制定科学的保护维修方案，同时争取到灾后专项资金2 700余万元用于千佛崖石窟的灾后抢救修复工作。今年国家文物局又追加500余万元专款用于下一步保护维修和科研工作。四川省、广元市各级政府对这项工作给予了全力支持，确保了“广元千佛崖石窟保护工程”得以顺利实施。

对广元千佛崖石窟实施保护工程，意义重大，影响深远。我希望各工程单位在施工过程中，发扬艰苦奋斗、不畏艰险的精神，认真组织实施每一个工作环节；同时也希望当地政府和有关部门积极配合工程单位，做好相关协调工作。让我们大家共同努力，以对国家、对民族、对历史高度负责的态度，坚持“不改变文物原状”的维修原则，运用传统工艺、传统材料、传统技术，结合成熟的科技手段，最大限度地保护千佛崖石窟所蕴含的历史文化信息及其原有的风貌，将该工程做成一个经得起历史和民众检验的优质工程和典范工程。

在蜀道文化线路保护与申遗工作座谈会上的发言

（2011 年 10 月 25 日）

今天很高兴参加由全国政协办公厅和文史委组织召开的蜀道文化线路保护与申遗工作座谈会，这个会议是继今年9月全国政协文史和学习委员会与四川、陕西两省政协联合组织的蜀道现场调研活动之后，蜀道文化线路保护与申报世界文化遗产工作的深化研究和部署会议，也是相关工作思路的细化和落实会议。

9月上旬，由全国政协委员、蜀道研究相关领域专家学者和新闻工作者组成的“蜀道文化线路保护与申遗”专题调研组，自西安到宝鸡，沿陈仓道到汉中，再从汉中到广元，沿金牛道经德阳到成都，其间在西安举行启动仪式，在广元召开研讨会并发表《蜀道文化线路保护与申遗广元共识》。

全国政协调研活动是蜀道文化线路保护和申报世界文化遗产的宣言书、宣传队和播种机。《广元共识》像宣言书，表达了国家、省、市联合行动，政府、民众、专家共同保护蜀道文化线路遗产的意愿；调研组邀请了很多新闻记者参加，一路上媒体朋友们辛勤采访、写稿、拍摄、发稿；委员专家们各抒己见，共同宣传蜀道文化线路遗产保护的重要性和紧迫性，动员沿线广大民众积极参与保护行列；而在西安、广元、成都举行的仪式和会议，在穿越巍巍秦岭、跨过滔滔嘉陵、翻越漫漫雄关、穿行古柏山道、走访历史遗迹中完成的调研活动，就如播种机般到处播撒蜀道文化线路遗产保护的种子，创造促其尽快生根发芽的良好氛围。

今年9月11日，在成都召开的座谈会上，调研组根据张梅颖副主席在西安、广元的讲话精神，根据现场调研情况，根据蜀道沿线各级政府和民众已经开展的保护工作情况，也针对蜀道文化线路遗产保护中存在的问题，尤其是“目前蜀道文化线路保护与申报世界文化遗产的各项工作尚显薄弱，需要有针对性地开展相关基础工作”的意见，提出了12个方面的工作建议。今天，我们再次坐下来研究蜀道文化线路遗产的保护、研究、展示、管理、利用和申报世界文化遗产等一系列问题，很有必要。

就下一步工作，我有以下几点想法，供大家参考。

（1）对于跨省域的大型文化线路遗产，应建立高效保护管理协商机制，便于两省相互沟通、交流和协作相关保护和管理工作，步调一致地部署、推动、实施保护工程和项目，从而使蜀道文化线路沿线文化遗产保护得到平衡发展，使这处极为珍贵的文化遗产得到整体保护。此外，还应建立专业指导和评估机制，成立专家组对蜀道文化线路保护、展示、管理和申报世界文化遗产等工作开展专业咨询。

（2）尽快组织对蜀道文化线路遗产的资源调查。长城在1987年成为我国首批世界文化遗产，2005年国务院同意国家文物局组织实施长城保护工程，利用10年的时间改善长城保护状况，其首要任务就是开展长城资源调查，摸清家底。该项工作自2006年启动以来，已基本摸清明长城和其他时代长城的长度及其保存状况，依照《长城保护条例》开展的各省、市、自治区长城的认定工作也正在有序进行之中。在此基础上，部署推进明长城保护规划纲要和各省段长城保护规划的编制工作，并结合规划编制工作，分清轻重缓急地编制和实施抢险维修项目。蜀道文化线路遗产保护首先应该在第三次全国文物普查已有成果的基础上，组织开展针对文化线路遗产的专项专业资源调查，结合野外探查、考古勘探、古建勘测、古树登记、文献收集等，摸清家底，搞清遗产构成和保护状况，搞清蜀道在沿线各城市辖区内的分布、走向、道路特征、遗产特点，在省域内的布局和跨省的明确形态等内容，为科学编制保护规划奠定基础。同时，应根据相关遗产的价值及其保护管理状况，将蜀道文化线路的遗产构成及时公布为相应级别的文物保护单位，并遴选其中特别重要的部分及时申报纳入国家文物保护体系。

（3）加强专业研究。文化线路是承载多元素、多内容、多维度的时空长廊。对文化线路的保护，需要根据国际上世界文化遗产保护管理的相关要求，组织系统、深入的专业研究，全面弄清其历史沿革、发展脉络、文化内涵，从而准确评估遗产价值及其真实性和完整性。研究是保护不可缺失的基础，也是科学保护的重要依据，研究做得越深入、越细致，保护的基础就越扎实，“申遗的道路也就自然平坦了”。

（4）在资源调查和科学研究的基础上，根据蜀道文化线路遗产保护的实际需求，结合规划编制，统筹考虑文物本体保护工作。对于确需实施保护工程的全国重点文物保护单位，应抓紧组织专业机构编制保护方案并完成相关专业评估和审批程序，争取纳入明年全国重点文物保护单位专项补助资金的盘子。今年文化遗产保护专项经费的项目已经基本确定，考虑到蜀道文化遗产保护等因素，国家对四川、陕西两省加大了投入力度，并且均为历史上专项经费投入的最大规模。地方各级财政也应设立保护专项，用于与国家资金的配套和对省级、市县级文物保护单位保护修缮项目的经费支持。同时也应拓宽经费来源渠道，积极吸纳社会资金用于文化遗产保护。对像千佛崖摩崖造像这些已经动工实施文物保护工程的项目，应坚持最小干预、不改变文物原状原则，维护遗产的真实性和完整性，遇到难题及时组织科技攻关，遇到问题多听听专家意见；应狠抓文物保护工程的质量，做好工程质量监督、工地安全管理等工作，确保蜀道沿线文化遗产保护工程的高品质；应注意在施工前和施工中尽可能多地收集和保存相关历史信息，认真记录保护干预的所有程序，并及时编写、出版工程竣工报告等。

（5）蜀道文化线路蜿蜒于我国中西部和西南部优美险峻的山川之间，独特的生态环境，淳朴的风土人情，多彩的文化传统，为相关文化遗产展示提供了巨大的空间和无穷的潜力。蜀道文化线路遗产保护与展示应同步开展，通过规划科学地规范展示手段、展示方式和相关管理，坚持在保护为主的前提下，合理利用，加强管理，既防止珍贵遗产遭到破坏，又通过对遗产的科学保护、合理利用，提升蜀道沿线广大区域的知名度，美化当地广大民众的家园，改善他们的生活环境，使他们真正分享文化遗产保护带来的实惠。我们期待着蜀道文化线路遗产在科学保护和利用方面能发挥引领示范作用。

（6）根据国家文物局关于重新调整中国世界文化遗产预备名单的要求，两省政府如果愿意近期将蜀道申报列入新的预备名单，应抓紧安排专人负责、组织专业机构开展蜀道文化线路申报文本和保护规划的编制工作。明年，国家文物局将对各地申报的项目进行专业评估，统筹考虑，调整新的预备名单。

在嘉峪关世界文化遗产保护工程汇报会上的讲话

（2011年11月18日•甘肃嘉峪关）

2011年8月31日，我们曾到嘉峪关现场调研长城文物保护工作，提出开展嘉峪关文物保护工程，建设嘉峪关国家世界遗产公园和嘉峪关世界文化遗产监测中心的建议。

2011年9月29日，国家文物局办公室会同文物保护与考古司，组织文化遗产监测保护、工程管理和预算审核方面的专家赴嘉峪关进行专项调研。专家组全面调研了嘉峪关关城、长城第一墩、悬壁长城等文物点，认真审核了甘肃省文物局、嘉峪关市文物局所拟的嘉峪关文物保护工程工作计划，充分讨论和深入研究了嘉峪关文物保护工作的主要需求、工作思路、指导原则和实施建议。专家一致认为实施嘉峪关文物保护工程为全面提升嘉峪关保护、管理和展示的总体水平提供了难得的历史机遇。嘉峪关文物保护工程应以充分尊重文化遗产突出普遍价值及其真实性、完整性为前提，集中财力、人力、物力，彻底改善嘉峪关文物本体保存现状，全面提升世界文化遗产监测、展示水平。

在深入研讨的基础上，专家组初步制定了“嘉峪关文物保护工程项目建议表”，提出了嘉峪关文物保护工程的项目清单，对各项目的主要内容、实施范围、工作原则以及2011年实施项目提出了明确意见。专家组认为，嘉峪关文物保护工程应包括嘉峪关文物本体维修工程和嘉峪关文物保护与展示工程两个人类。其中，本体维修工程主要包括关城城墙保护维修、关城木结构建筑修缮及油饰彩画保护、关城安全设施建设、长城墙体保护、长城第一墩保护等项目。保护与展示工程主要包括嘉峪关世界文化遗产监测体系建设、嘉峪关核心区域整治、嘉峪关展示等项目。

为推动嘉峪关文物保护工程尽快启动实施，确保在三年内全面完成保护工程各项任务、目标，国家文物局办公室积极协调财政部等有关单位，在中央财政追加下达的2011年文物保护专项补助经费中安排专项经费用于嘉峪关文物保护工程，并商文物保护与考古司，根据国家文物局专家组意见和建议，拟定了2011年嘉峪关文物保护工程补助经费的实施范围和项目清单，初步建议为2亿元，为全面推进嘉峪关文物保护工程打下坚实基础。

2011年嘉峪关文物保护补助经费主要用于实施嘉峪关关城古建筑及长城墙体保护、关城安防工程和排水系统建设、长城第一墩防洪堤建设及崖壁加固等文物本体保护项目，以及世界文化遗产公园规划编制、嘉峪关关城保护范围及周边区域环境整治规划及展示详细规划编制、嘉峪关世界文化遗产监测体系建设可行性研究及监测方案编制、监测中心设计方案编制和前期考古调查及发掘工作、地形测绘、保护围栏、界桩、标志建设等项目。

甘肃省政府公布实施了万里长城——嘉峪关文物保护规划，并批复同意嘉峪关市成立了嘉峪关市世界文化遗产监测中心。该监测中心为嘉峪关市文物局管理的处级事业单位，负责对嘉峪关长城及境内不可移动文物的日常监测，编制监测报告等。

为科学、全面、高效地推进嘉峪关长城保护工程，建设世界文化遗产保护的重要示范性工程，就下一阶段工作提出以下建议。

（一）加强组织领导

甘肃省高度重视嘉峪关文物保护工程，主管副省长亲自担任工程领导小组组长，嘉峪关市和各有关厅局都参加了领导小组，保障了工程的有力领导和顺利实施。嘉峪关市专门成立了工程建设指挥部。在具体组织方面，甘肃省文物局作为省协调领导小组办公室，要充分发挥牵头作用，理顺工作机制，落实工作责任和任务，促使各有关方面尽快进入工作状态。

（二）健全工作制度

嘉峪关文化遗产保护工程涉及遗产保护、展示、监测、整治等多项工作，是一项相当复杂的系统工程，也是对我们工程组织和管理能力的综合考验。要坚持以制度管人、管事、管财，按照文物保护法律法规的规定，并参照近年来国内重大保护工程的实践经验，制定嘉峪关文化遗产保护工程的管理办法和专项规章制度，规范保护工程设计、施工和监理等各个环节的工作程序和管理要求。特别是要加强质量监督，将工程质量放在首要位置。甘肃省文物局要派驻专人到工程现场工作，定期组织巡查，并制定工程监测方案和应急预案，使保护工程有序进行。

（三）坚持保护原则

嘉峪关文化遗产保护工程要始终以保护为前提，坚持不改变文物原状和最小干预原则。在文物本体保护维修工程中尽可能保存历史信息。所有的展示、利用和监测工作都要围绕保护主题，维护嘉峪关的历史风貌和景观特色，避免过多的人为干预，画蛇添足。工程文件和现场采取的措施、新发现等都要由专业机构做出详细记录，建立完备的工程档案资料，所有文物保护维修工程项目都要在竣工一年内出版工程报告。

（四）加强专家咨询

建议甘肃省组织国内长期从事文化遗产保护、监测、管理工作的有关专家组成嘉峪关文化遗产保护工程专家组，协助开展工程规划、技术方案的论证、把关，组织工地检查，指导解决相关工程技术难题等，以确保工程的科学实施，妥善保护嘉峪关各类文化遗产的突出普遍价值及真实性和完整性。

（五）做好项目储备

嘉峪关文化遗产保护工程要以规划先行。应加快开展嘉峪关世界文化遗产公园规划、环境整治规划、监测体系建设规划的编制工作，并与已批准实施的保护规划相衔接，为科学实施嘉峪关文物保护工程奠定坚实基础。同时，抓紧做好列入2011年实施项目清单的保护工程设计方案、立项报告编制、初审和上报工作。广泛邀请国内具有文物保护资质和世界文化遗产保护经验的高水平专业队伍，承担工程项目规划、方案编制工作，提高方案编制质量。国家文物局也将加强对方案编制工作的指导，组织专家集中审核，重视方案审批工作。

（六）规范资金管理

为提高资金使用效益，应根据《大遗址保护专项经费管理办法》和《国家重点文物保护专项补助经费使用管理办法》，制定嘉峪关文物保护工程专项经费管理办法，做到专款专用。工程实施要严格落实《招标投标法》的有关规定，坚持工程项目的合同管理，建立预防、警示和通报制度，确保经费使用合法合规、取得良好绩效。

在嘉峪关文化遗产保护工程启动仪式上的讲话

（2011 年 11 月 18 日 · 甘肃嘉峪关）

今天，我们在此隆重举行嘉峪关文化遗产保护工程启动仪式，这是我国长城保护工程和文化遗产事业发展中的一件大事。

嘉峪关作为明代军事工程与建筑艺术的完美结合，是世界文化遗产万里长城的重要组成部分和典范之作，具有极高的历史、科学和艺术价值。保护、研究和利用好这处珍贵遗产，修我长城、兴我中华，实现中华民族文化复兴，是当代中国人义不容辞的责任和使命。全面开展嘉峪关文化遗产保护工程，对保护历史遗产，弘扬传统文化，增强中华民族凝聚力、创造力和软实力，都具有深远的历史意义和伟大的现实意义。

甘肃物华天宝，人杰地灵，是名副其实的文物大省，文化遗产资源丰富是甘肃的特色和优势。近年，甘肃省高度重视文物工作，进一步加强组织领导，使得文化遗产工作在整体推进中实现了重点突破，呈现出蓬勃向上的良好态势。文化遗产事业

甘肃嘉峪关关城（2011年8月31日）

成为甘肃经济社会跨越式发展的重要动力。

国家文物局全力支持甘肃文化遗产事业。特别是2010年11月国家文物局和甘肃省政府签订《关于合作加强甘肃文化遗产工作框架协议》以来，双方合作关系进一步深化。今天启动的嘉峪关文化遗产保护工程就是其中的一项重要成果。嘉峪关保护工程以文化遗产保护、生态环境保护和可持续发展为基本策略，以创造性的思维和科学手段倡导、建设和发展先进文化，将长城本体保护、世界文化遗产监测中心建设和世界文化遗产公园建设融为一体，标志着长城保护工程进入了新的历史阶段。

我们欣喜地看到，甘肃省政府高度重视项目实施工作，成立了高规格的协调领导小组；嘉峪关市成立了工程指挥部和世界文化遗产监测中心。今天我们的启动仪式，并非开工仪式。我们需要等待冬季的过去，但是各项工作将从今天全面启动，包括规划、设计、方案评审、批复、施工准备，为明年春天工程全面实施做好准备。国家文物局已将嘉峪关文化遗产保护工程列为国家“十二五”时期首要的文化遗产保护重大工程之一，从政策、资金、技术各方面加大对嘉峪关保护工程和甘肃文物事业的支持力度。我相信，在我们的共同努力下，嘉峪关文化遗产保护工程一定能够成功实施，为嘉峪关市以至甘肃省的文化建设、经济社会发展，为我国文化遗产事业的加快发展，做出更大的贡献！

甘肃嘉峪关关城（2011年8月31日）

“生态”“环境”与“人居环境”①

（2012 年 2 月）

生态（Ecology），是指生物在一定的自然环境下生存和发展的状态，也指生物的生理特性和生活习性。生态环境则是指环绕着人们生活的空间中可以影响到人类生活、生产的一切自然形成的物质、能量的总体。构成生态环境的物质种类很多，既包括空气、水、土壤、岩石矿物、太阳辐射等，也包括植物、动物等，这是人类赖以生存的物质基础。这些物质在地球上的分布是有规律的，在不同的地域、空间，各种物质在数量上有一定的比例，它们之间相互影响、相互制约，构成不同的生态系统。生态系统是生物圈的基本功能单元，时刻不停地进行物质循环和能量交换，因此，系统内的各个因素都处于动的状态。在长期的进化过程中，各因素或各成分之间建立起了相互协调、相互制约与相互补偿的关系，使整个自然界保持一定限度的稳定状态。如果一个生态系统在较长时间内保持相对协调的稳定状态，该系统便达到了通常所说的生态平衡。自然界物质运动是永恒的、生态平衡是动态的，如不加破坏，它将永远具有生生不已和物质循环不息的功能。如果一个生态系统受到的外界干扰、破坏超过了它本身的自动调节能力，该系统的生物种类和数量就会发生变化，导致生

①此文发表于《北京人文地理·怀柔》，北京，中国地图出版社，2012 年。

产力衰退，结构和功能失调，物质循环和能量交换受到阻碍，造成该系统生态平衡的破坏。

在漫长的历史进程中，地球环境的不可逆变化和生物进化是驱动生态系统进化的基本因素。之后，生态系统的进化又加入了人类活动的因素。目前，人类活动范围的日益扩大，正在直接和间接地影响着生态环境，改变着适于人类和生物生存的生态系统。未来，生态系统的进化趋势将主要取决于人类活动。长期以来，人类活动正在导致一些地区环境的恶化和生物的灭绝，这将引起生态系统的不可逆转的改变，关系到人类的命运。因此，对地球生态系统进化历史及其规律的了解，有助于人们掌握和控制生态系统的未来的进化。文化生态学作为一门社会科学和自然科学相结合的学科，着重研究人类群体与周围环境的关系，将人类社会和文化视为适应特定环境条件的产物。近代生态环境问题的研究范围，除生物个体、种群和生物群落外，已扩大到包括人类社会在内的多种类型生态环境的复合系统。近年来，人们在研究城市生态保护的过程中，将自然生态系统作为城市复合生态系统的一部分，从而提出了生态基础设施的概念。生态基础设施从本质上讲是城市的可持续发展所依赖的自然系统与生态网络，是城市及其居民能持续地获得自然服务的基础，包括新鲜空气、食物、体育、游憩、安全庇护以及审美和教育等，更广泛的概念则包括一切能提供上述自然服务的城市绿地系统、林业及农业系统、自然保护地系统，并进一步可以扩展到以自然为背景的文化遗产网络①。

①《中国大百科全书（简明版）修订本》，8~4270页，北京，中国大百科全书出版社，2004年。

环境（Environment），是指人们生活的空间，以及其中可以直接、间接影响人类生活和发展的各种自然因素和社会因素的总体。“环境”与“景观”的概念有很大不同，“景观”一词内含主体感受的成分，是一个美学的研究对象，是一个与观察者相对的对象，是一个观察对象，“而环境不可能成为一个观察对象，因为我们无论如何都不可能从环境中超越出来，站到环境的对面去观察环境。我们始终在环境之中；如果我们要将环境作为环境来感受，我们就只能在环境之中。环境中的许多要素是看不见的，只有我们身处环境之中才能感受得到”①。长期以来，人类活动把天然的荒野改变为更适于人类居住的环境，例如清除地面上的野生植物，引进各类植物，平整土地，改造农田；或者建房修路，形成居住环境；或者开山采矿、砍伐森林，形成生产设施。这些活动也包括消灭野兽，豢养家畜，还包括所有休闲娱乐和美化环境，以迎合地球上人们的各种兴趣和心理爱好。虽然其中许多行为从人类生存的角度看，具有建设性和合理性，但是，日积月累的改造，持续不断地将越来越多的自然景观转化成了人文景观。“当人们向着它宣告征服大自然的目标前进时，他已写下了一部令人痛心的破坏大自然的记录。这种破坏不仅直接危害了人们所居住的大地，而且也危害了与人类共享大自然的其他生命”②。

18世纪末，伴随工业革命的扩展，环境污染与生态破坏渐趋严重。环境决定论作为人地关系论的一种理论，认为人类的身心特征、民族特性、社会组织、文化发展等人文现象受自然环境，

①史蒂文•C. 布拉萨：《景观美学》，3页，北京，北京大学出版社，2008年。

②吴良镛：《人居环境科学导论》，172页，北京，中国建筑工业出版社，2001年。

特别是气候条件的支配。但是19世纪时，人类对地球面貌的改变几乎未受到注意。进入20世纪以后，人们才逐渐认识到，在人类与环境的关系中，人类是主动的，是环境变化的作用者。一方面，随着科学技术的发展，人类活动的范围向下已进入地壳深处，向上已进入近地空间。另一方面，鉴于人类社会自然支持系统的有限性和全球的整体化，人类面临着人口膨胀、资源匮乏、环境污染、生态恶化，以及温室效应、臭氧层破坏、酸雨、森林锐减、物种消失、土地退化、淡水资源短缺、海洋环境恶化等一系列全球性的生态与环境问题。人们开始发现环境污染造成的损害是全面的、长期的，同时也认识到“不同民族、地区、经济水平、文化程度以及不同群体的人对环境的要求也不同。建筑、城市乃至区域，作为容器，都是人们多种多样活动的载体，在空间上是相互联系的，必然要适应多种多样的发展变化的需求。生活的发展影响到环境质量，这有时是正面的，有时可能是负面的。对于正面的影响，我们要及时地抓住时机，用以推动环境质量的提高；对于负面的影响则要加以防范与弥补，力求减少影响”[①]。

人居环境（Human Settlements），顾名思义，是人类聚居生活的地方，是与人类生存活动密切相关的地表空间，是人类在大自然中赖以生存的基地，是人类利用自然、改造自然的主要场所。人居环境系统是以人为中心的生存环境系统。20世纪50年代，希腊建筑师C.A.道萨迪亚斯（C.A.Doxiadis）创立了“人类聚居学”，着重研究人与环境之间的相互关系。他认为：“面对现实的问题和人们无所适从的状况，专家们却躲进了各自的小角落里，或想通过各个分门别类的科学研究来解决问题，如经济学、社会学、行

①吴良镛：《人居环境科学导论》，129页，北京，中国建筑工业出版社，2001年。

政科学、技术和文化等学科，或仅仅去处理聚居问题的某一个侧面，如交通问题、住宅问题或是公共设施等方面的问题。这样整体的问题事实上已被忽视了。”[①]他强调人类聚居是一个综合体，由自然、人、社会、建筑、支撑网络等五项元素组成，涉及人类聚居问题的学科可归纳为五个基本方面，经济学、社会学、政治行政学、技术学科和文化学科。因此应把包括乡村、集镇、城市等在内的所有人类聚居作为一个整体，全面地、系统地、综合地进行广义的系统研究，拓展研究的领域，以便更好地掌握人居环境发生、发展的客观规律，调控人们的社会、经济和文化行为，建设符合人类理想的聚居环境。

1972年6月，联合国在斯德哥尔摩召开“人类环境”大会，第一次将人居环境问题纳入世界各国政府和国际政治议程，会议最终就人类必须保护环境达成一定共识，发表了《人类环境宣言》，宣布“保护和改善人类环境已经成为人类的一个迫切任务”“由于无知或不关心，我们可能给我们的生活和幸福所依靠的地球环境造成巨大的无法挽回的损害”。此后，环境科学在解决社会需要的推动下形成，并迅速发展，但是也产生了环境与经济社会发展不可兼得的分歧。1976年5月，联合国在温哥华召开了第一次“人类住区”大会。会议所形成的《人类住区温哥华宣言》指出：“一个人类住区不仅仅是一伙人，一群房屋和一批工作场所。必须尊重和鼓励反映文化和美学价值的人类住区的特征多样性，必须为子孙后代保存历史、宗教和考古地区以及具有特殊意义的自然区域。”此后，可持续发展、人居环境和文化多样性等成为人们普遍关注的社会主题。人类的活动，包括生产、生活和社会活动，最终都在他们所居住的

①吴良镛：《人居环境科学导论》，226页，北京，中国建筑工业出版社，2001年。

地域的外部景观上得到体现。协调人类社会经济发展与环境之间的关系，成为世界各国面临的重要课题。1992年，联合国“世界环境与发展大会”通过了《里约热内卢宣言》和《21世纪议程》两个纲领性文件，使可持续发展思想首次得到了世界范围内最广泛的承诺，并逐渐成为人类社会的共同追求。

在这一背景下，1993年，吴良镛、周干峙等学者在分析当时建设事业的形势和问题的基础上，正式提出建立“人居环境科学”理论。人居环境科学是一门以人类聚居（包括乡村、集镇、城市）为研究对象，着重探讨人与环境之间的相互关系的科学。人居环境科学针对城乡建设中的实际问题，尝试建立一种以人与自然的协调为中心、以居住环境为研究对象的新的学科群。“建立人居环境科学还有重要的社会意义。过去，城乡之间在经济上相互依赖，现在更主要的则是在生态上互相保护，城市的‘肺’已不再是公园，而是城乡之间广阔的生态绿地，在巨型城市形态中，要保护好生态绿地空间。”①吴良镛先生认为，“区域差异是永远存在的，在全球化、信息化时代，城市与地区既要有意识地吸取世界先进的科学技术文化，又要注重基于地域的不同的自然地理、历史、经济、社会、文化条件下，探索科学的地域发展道路，自觉地对城市特色和地区特色加以继承、保护和创新，建设具有地区特色的人居环境。”人居环境科学的提出和发展，是人类对生态与环境认识的一次飞跃。在此背景下，作为研究人居环境质量及其保护和改善的科学，人居环境科学的概念和内涵，随着理论研究和实践活动的开展，日益丰富和完善，更加具有区域性、综合性、整体性和系统性。

①吴良镛：《人居环境科学导论》，7页，北京，中国建筑工业出版社，2001年。

人居环境科学认为，人居环境可划分为全球、区域、城市、社区、建筑五大层次。在全球层面，必须着眼于全球的环境改善与发展，特别是直接影响全球环境的问题，例如人类共同面临的全球气候变暖、“温室效应”、能源和水资源短缺、热带雨林的破坏、环境污染、土地沙漠化、生物多样性的丧失等问题，抓住重点问题，寻求可持续发展道路。在区域层面，必须着眼于各地具体的自然条件和人文环境，例如山地与平原、干旱与湿润、温暖与寒冷等自然条件，历史文化背景、经济发展水平等人文环境，均存在着明显的不平衡性，因此必须扩大区域研究视野。在城市层面，必须着眼于土地利用与生态环境的保护，这一层次涉及的内容较多，问题也最为集中，因此必须抓住整体性。在社区层面，必须着眼于保持社区健康肌理和邻里和谐关系，社区作为城市与建筑之间重要的中间层次，其作用包括建造宜居住宅、创造就业机会、提高环境质量等各个方面，需要开展统筹研究。在建筑层面，必须着眼于技术与艺术的创造，既包括物质的内容，也包括精神的内容，反映出人类文明的不断进步。

吴良镛先生认为：“地球上的所有生命一起构成一个整体，这个整体能够使得地球的生物圈满足她的全部需要，而且赋予她远远大于其他部分之和的功能，同样，一个良好的人居环境的取得，不能只着眼于它各个部分的存在和建设，还要达到整体的完满；既达到作为‘生物的人’在这个生物圈内存在的多种条件的满足，即生态环境的满足，又达到作为‘社会的人’在社会文化环境中需要的多种条件的满足，即人文环境的满足。”[①]人居环境科学是连贯一切与人类居住环境的形成与发展有关的，包括自然科学、技术科学

①吴良镛：《人居环境科学导论》，48页，北京，中国建筑工业出版社，2001年。

与人文科学在内的新的学科体系，其涉及领域广泛，是多学科的结合。人居环境科学研究基于以下最基本的前提：一是人居环境的核心是“人”，人居环境研究以满足“人类居住”需要为目的；二是大自然是人居环境的基础，人的生产生活以及具体的人居环境建设活动都离不开更为广阔的自然背景；三是人居环境是人类与自然之间发生联系和作用的中介，人居环境建设本身就是人与自然相互联系和作用的一种形式，理想的人居环境是人与自然的和谐统一，或如古语所云“天人合一”；四是人居环境内容复杂，人在人居环境中结成社会，进行各种各样的社会活动，努力创造宜人的居住地，并进一步形成更大规模、更为复杂的支撑网络；五是人创造人居环境，人居环境又对人的行为产生影响。

人居环境科学是一个开放的系统，是由多个学科组成的学科群，永远处于一个动态的过程之中。人居环境科学特别强调“建筑—地景—城市规划”三位一体，通过城市设计整合起来，作为人居环境科学的核心。三者有着共同的研究对象，即共同研究如何科学利用土地，合理利用自然资源，共同从事环境艺术的创造，以及实现文化与自然遗产的保护等。但是，在不同情况下，三者也各有侧重点和扩展方向，即在尺度上、方法上、内容上各有不同。例如建筑学要融合环境、技术理念的发展，从单幢建筑物的设计走向建筑群落的规划与设计；城市规划要融合经济、社会、地理等，从城市走向城乡区域的整体协调；地景学要融合生态学等观念的发展，从咫尺天地走向“大地园林”，为人居环境创造可持续景观。总之，强调“建筑—地景—城市规划”的融合的主要目的，一是提醒人们正确处理人、自然、城市、建筑的关系；二是将对良好人居环境的追求落实到物质的建设上，以创造舒适宜人的居住环境；三是使有关人居环境的各个学科、各个方面的研究落实在空间布局上，寻求城市与自然的融合。人居环境科学的融合与发展离不开运用多种相关学科的成果，特别要借助各自的相邻学科的渗透和展拓，创造性地解决实践中的繁杂问题，因此，它们与经济、社会、地理、环境等外围学科，共同构成开放的人居环境科学学科体系。

今天，人居环境建设必须把握好五项原则。一是正视生态困境，提高生态意识。人类需要与自然相互依存，人们从大自然的报复和生命财产的丧失中，逐渐认识到“自然不属于人类，但人类属于自然”。因此，人类保护生物多样性，保护生态环境不被破坏，归根到底，就是保护自己。二是人居环境建设与经济发展良性互动。当今城乡建设速度之快、规模之大、耗资之巨，已远非生产力低下时期所及，人居环境建设的资源矛盾，比以往任何时候都更加尖锐。因此，必须努力节约各种资源，以实现经济、人居环境建设的可持续发展。三是发展科学技术，推动经济发展和社会繁荣。今天一些发展中的难题，仍然寄期望以科学技术的进步予以解决，因此，需要从社会、文化和哲学等方面，综合考虑科学技术成果的运用，促进人居环境建设。四是关怀广大民众，重视社会发展整体利益。当前人类面临着发展观的改变，即从以经济增长为核心，向以社会全面发展转变，走向“以人为本”。因此，人类将更多地关注经济增长过程中的自身发展，重视生活质量的提高。五是科学的追求与艺术的创造相结合。人居环境的灵魂在于它能够调动人们的心灵，在客观的物质世界里创造更加深邃的精神世界，因此，在进行人居环境建设时，必须努力做到科学追求与艺术创造相结合，使人居环境拥有长远的感召力。

关于全面推进丝绸之路跨国申报世界文化遗产的提案①

（2012年3月）

纵贯或横跨多国的文化线路，带来各个文化社区间的交流和相互影响，促进国家和地区之间人们的交流互动，以及商品、思想、知识和价值观的多维的、持续的、互惠的交换和交流，并且随着思想、知识和观念的传播，直接参与对各个文化社区的形成和发展的塑造，在时间和空间上产生文化的繁荣，成为当今人们价值认同、民族交融、文化互动的媒质，因而越来越受到国际社会的关注。近年来，大体量、跨地域、跨国界的文化线路研究逐渐成熟，并为国内外越来越多专业人士所关注。

丝绸之路以其反映人类长期以来贸易、文化交流、共同发展足迹的独特价值而受到特别的重视。丝绸之路是迄今世界上规模最大的文化线路。它起始于汉代，大体完成于隋代，在唐代仍延续着传统格局，宋代以后有了新的发展，是一项历经1 000多年，展现人类历史活动和东西方经济文化交流的载体。丝绸之路覆盖大半个地球，是世界上最长的经济商贸之路、文化交融之路、科技交流之路，沟通了亚、欧、非各国各民族之间的联系与往来，

①此文为在全国政协十一届五次会议上的提案，联名提案人：龙瑞 杜滋龄 郭瓦加毛吉 姜昆 董良翚 夏燕月 侯露 王川平 张柏 詹祥生 范迪安 濮存昕 赵汝蘅 吴为山 席强 滕矢初 冯小宁 张平 陈醉 阿拉泰 张廷皓 宋春丽 陈立德 耿其昌 徐翔 张国勇 张会军 张艺谋 胡振民 刘秀荣 崔建华 刘宇一 徐庆平 杨春霞 阎维文 韩美林 覃志刚 雷元亮 金铁霖 宋雨桂。

成为古代东西方交流的大通道，为各民族文化的繁荣与发展做出了卓越的贡献，在世界历史上具有广泛和深远的影响。

2006年8月，在联合国教科文组织世界遗产中心的积极推动下，中国和中亚哈萨克斯坦、吉尔吉斯斯坦、塔吉克斯坦、土库曼斯坦和乌兹别克斯坦5个国家共同启动了丝绸之路跨国系列申报世界文化遗产工作，联合签署了丝绸之路申报世界文化遗产的《概念文件》，先后组织召开了五轮国际协商会议和两次丝绸之路跨国系列申报世界文化遗产协调委员会会议。

我国丝绸之路涉及的陕西、河南、甘肃、宁夏、青海、新疆6个省、自治区地方各级政府高度重视丝绸之路申报世界文化遗产工作，开展了勘察测绘、基础研究、规划编制、文物保护、环境整治等大量申报世界文化遗产准备工作，取得了明显的成效。但是中亚五国之间关系复杂，部分国家政局不稳，申报世界文化遗产进展缓慢，导致五国均没有在既定时间完成申报世界文化遗产准备工作。中国与中亚五国的联合申报世界文化遗产由最初《概念文件》中确定的2010年一推再推，一度陷入僵局。

2011年5月，丝绸之路跨国系列申报世界文化遗产协调委员会第二次会议对丝绸之路跨国系列申报世界文化遗产策略进行了重大调整，推荐中国、哈萨克斯坦和吉尔吉斯斯坦的跨国廊道为首批申报项目，在2013年2月1日前向联合国教科文组织提交正式申报文本。这对中国而言是一个难得的历史机遇。

把握住这个机遇，实现丝绸之路成功列入《世界遗产名录》，不仅有利于保护好沿线地区的文化遗产，带动我国文化遗产保护管理水平的整体提升，而且关系国家文化安全，对增强我国文化的国际影响力和软实力，具有极为重要的现实意义。

为加快推动丝绸之路申报世界文化遗产工作，提出以下两点建议。

（1）外交部将丝绸之路跨国申报世界文化遗产工作纳入国家外交大局，作为我国与哈萨克斯坦、吉尔吉斯斯坦两国政府的重大合作项目，从外交渠道推动哈、吉两国政府加强与中方在丝绸之路申报世界文化遗产方面的合作。按照阿什哈巴德会议决议和中、哈、吉三国代表在2011年底草签的丝绸之路跨国申报世界文化遗产备忘录确定的时间表，有效推动丝绸之路申报世界文化遗产准备工作。同时，考虑到哈、吉两国的实际情况，我国有关部门可根据两国政府的请求，在丝绸之路申报世界文化遗产文本编制等工作中提供必要的援助。

（2）丝绸之路申报世界文化遗产涉及的6个省、自治区均为我国中西部欠发达地区，建议发展改革委和财政部对丝绸之路申报世界文化遗产涉及的文本编制、文物本体保护、环境整治、展示、监测等工作给予必要的经费支持，以确保申报世界文化遗产工作顺利完成。

吉尔吉斯斯坦石门贸易站遗址（2007年8月22日）

关于加强蜀道文化线路保护的提案①

（2012 年 3 月）

2011年9月，由全国政协张梅颖副主席带队，全国政协文史和学习委员会与四川、陕西两省政协联合组织“蜀道文化线路保护与申遗”专题调研组，在陕西、四川两省，沿蜀道陈仓道自西安经宝鸡至汉中、沿金牛道从广元经绵阳、德阳至成都，行程1 500余千米，沿途进行实地考察。9天紧张的实地考察和交流研讨取得了阶段性重要成果。

近年来，文化线路保护在国际社会和我国文化遗产保护领域，引起了广泛关注。文化线路作为文化遗产保护领域的前沿概念，反映出当前文化遗产演变和扩展的新思路，注重对文化遗产背景环境和相关区域整体价值重要性的认同，注重揭示由不同层面构成的文化遗产的宏观结构。文化线路所提出的新的保护规范，涉及文化遗产的跨地域保护和对文化遗产价值的综合考虑，呼吁共同努力、联合保护；涉及在尊重每个独立要素固有价值的同时，强调将每个独立存在的文化遗产作为一个整体组成部分来评估其价值。

①此文为在全国政协十一届五次会议上的提案，联名提案人：龙瑞 杜滋龄 郭瓦加毛吉 姜昆 董良翚 夏燕月 侯露 王川平 张柏 詹祥生 范迪安 濮存昕 赵汝蘅 吴为山 席强 滕矢初 冯小宁 张平 陈醉 阿拉泰 张廷皓 宋春丽 陈立德 耿其昌 徐翔 张国勇 张会军 张艺谋 胡振民 刘秀荣 崔建华 刘宇一 徐庆平 杨春霞 阎维文 韩美林 覃志刚 雷元亮 金铁霖 宋雨桂。

在我国历史上，人类的迁徙、流动和跨地域交往从未停止，先后形成了丝绸之路、大运河、茶马古道、蜀道等多种功能的文化线路。随着文化线路研究与保护的不断深入，对蜀道文化线路的研究、认识和保护也逐渐深化。蜀道从商周时期初步开通至今，已有3 000多年历史。学者们普遍认为，“蜀道”是“秦蜀古道”的专有名称，是对历史上连接关中与成都平原，穿越秦岭，分布于川陕交界区域的一系列道路的统称，正所谓“栈道千里，通于蜀汉”。

蜀道文化线路是现今我国乃至世界保存最为完好的文化线路之一，它展现了我国古代交通形态演变的历史进程，代表了我国古代道路筑造工程的技术精华，创造了我国古代交通史上的奇迹。蜀道文化线路是人类面对不利的自然环境，依靠自身的智慧和胆略，就地取材，突破障碍，变天堑为通途的杰出创造。蜀道文化线路所彰显的人类的开拓进取精神，与周围奇伟险峻的山河景观相互映衬，成为人类与自然共生的完美见证，成为人文精神与自然环境完美融合的文化景观，具有突出的普遍价值。

但是，由于历史的原因，蜀道文化线路保护没有得到应有的重视。目前蜀道文化线路的保护状况令人担忧。例如缺少保护蜀道文化线路的专项法规，缺少对蜀道文化线路遗产资源的详细普查。目前蜀道文化线路沿线已经登记保护的不可移动文物，只是这座文化遗产宝库中很少的一部分，由于家底不清，还有大量珍贵的文化遗产尚未纳入保护视野。由于蜀道文化线路原初的重要历史作用已经基本丧失，加上数千年风雨飘摇，一些历史建筑年久失修，一些考古遗址被不合理占压，一些古道遗址被现代道路所取代，这些都亟待抢救保护。同时，由于缺少预防性保护措施，气候变化、环境污染等整体环境恶化导致蜀道文化线路遗产面临生存威胁。

长期以来，由于认知的局限，蜀道文化线路的综合价值被忽视与低估。今天，蜀道文化线路保护应该成为我国文化遗产保护的重要任务。蜀道文化线路保护是一项复杂的系统工程，具有紧迫性与艰巨性。目前蜀道文化线路保护与申报世界文化遗产的各项工作尚显薄弱，需要有针对性地扎实开展相关基础工作。为此提出如下几点建议。

一是积极组织力量，抓紧做好蜀道文化线路遗产资源调查、文化遗产价值认定。在此过程中，还应注意安排开展必要的考古调查，发挥考古成果对保护和研究所具有的实证作用。

二是坚持保护规划先行，统一组织编制蜀道文化线路保护规划以及相关专业规划，通过保护规划的编制，明确保护原则、保护对象、保护范围、保护期限和保护重点等各项内容。

三是针对蜀道文化线路的复杂性，开展跨学科、跨领域、跨部门的科学研究，根据保护的需要，成立由多学科专家组成的专家组，重点研究解决保护中遇到的学术和技术难题。

四是加大对蜀道文化线路沿线重要文化遗产的保护力度，实现抢救性保护与预防性保护的结合，切实防止城市化加速进程中，大规模城乡建设和基础设施建设对蜀道文化线路遗产的破坏。

在全国政协长城保护情况调研组会议上的发言

（2012年5月19日）

近年来，全国文化遗产保护的重大行动，从三峡工程中的文化遗产保护到南水北调工程中的文化遗产保护，从推动第三次全国文物普查到推动博物馆免费开放，从加强世界文化遗产保护到新农村建设中的文化遗产保护，从四川汶川抗震救灾文化遗产保护到蜀道文化遗产保护和申报世界文化遗产等，都是在全国政协的推动和指导下得以顺利开展的。我感到全国政协就像一只巨大的手，无时无刻不在推动着中国文化遗产事业克服各种艰难险阻，不断前行。

我们永远难忘2006年5月，从荡气回肠的燕山脚下，到“淡妆浓抹总相宜”的西子湖畔，由全国政协发起，陈奎元副主席亲自率领众多政协委员、专家学者和热爱文化遗产事业的朋友们，共同参加京杭大运河考察活动，开启了大运河保护和申报世界文化遗产的行动。这一行动不但使大运河遗产保护受到了空前的关注，而且带来了我国文化遗产保护的新气象，形成了我们总结的从“文物保护”走向“文化遗产保护”的理念进步。

此次未能参加前几天的调研过程，对我来说实在遗憾。因为这两天组织国际博物馆日活动等事务缠身，失去了这次难得的学习机会。但是，我一直从新闻媒体的报道中，了解此次陈奎元副主席率领的“全国政协长城保护情况调研组”的情况。与以往的文化遗产调研一样，这次仍然是跋山涉水，仍然是风尘仆仆，仍然是边调查、边研究、边指导，仍然是一路播撒文化遗产保护的正确理念。我认为这次全国政协长城保护调研，是一次长城文化遗产的寻踪之旅，是一次载入长城保护史册的文化之旅，也是一次满载丰收喜悦而归的成功之旅。今天，大家团结在全国政协的旗帜下，共同为长城保护贡献力量，也是对一生呼吁长城保护的罗哲文先生最好的纪念和告慰。

长城是世界上规模最大的文化遗产，其建造时间之长，分布地域之广，影响力之大，是其他文物不可比拟的。在中国人民和世界人民眼中，万里长城是中华民族的象征。正因为如此，国务院自1961年起分期分批将山海关、八达岭、嘉峪关等长城段落公布为全国重点文物保护单位。1987年，长城因其独特的历史、艺术和科学价值，被联合国教科文组织整体列入《世界遗产名录》。

但是不可否认，长期以来长城仍然面临着相当严重的人为和自然破坏的威胁，特别是近年来人为破坏有加剧趋势，主要表现在个别地方和部门文物保护和法治观念淡漠，在基本建设、长城开发利用的过程中，置国家、民族整体利益于不顾，片面追求眼前的、局部的利益，随意处置长城，这种以法人违法为主体的建设、开发性破坏是当前破坏长城的主要形式，具有来势凶猛、破坏力大，有时甚至是毁灭性的特点；部分地方缺乏文物保护知识、意识，拆取长城建筑材料用于日常生产生活，在长城上乱挖窑洞的现象仍时有所见；而有法不依、执法不严、保护管理力量薄弱、经费匮乏等因素，导致破坏长城的行为不能被及时有效制止。

为此，2006年12月1日，国务院正式颁布实施了《长城保护条例》。针对目前我国长城的现状以及存在的主要问题，制定了操作性很强的保护管理措施，明确了长城所在地政府的责任，提出发动社会力量参与长城保护，对长城的利用行为加以规范等。国家就某一文化遗产颁布专项法规，在我国的历史上还是第一次。我也受此启发，近年来呼吁制定《大运河保护条例》《故宫保护条例》等专项法规。

河北山海关长城保护工程竣工仪式（2008年7月12日）

从整体上看，长城保护管理和科学研究工作取得了很大进步。同时，随着时代的发展，人们对包括长城等在内的文物的保护理念和认知水平也有了较大提高。比如，以前我们谈起长城，较多的是关注长城墙体本身和修筑于墙体之上的附属设施——敌台、马面、城门等。而现在随着文化遗产保护概念的扩展，我们在关注文物本体的同时，也开始注意对其环境风貌、景观加以保护。以前调查中容易被忽略的一些与长城有关的遗迹，例如相关的生产、生活设施，长城周边的自然、人文状况等，都将作为长城保护的重要内容。

就进一步加强长城保护，提出以下三点建议。

一是尽快完成长城资源调查。科学调查，全面准确掌握长城现存状况，是落实长城保护法规和管理措施最基础的工作。长城遭受破坏的形式和原因尽管多种多样，但是家底不清，保存状况不明则是重要的原因之一。20世纪80年代以来，各地曾对长城做过不同程度的专题调查，初步掌握了长城的基本情况。但是限于当时的条件和认识水平，有相当部分长城的情况没有搞清楚，调查资料也很分散，没有汇总。可以说，我们对长城家底的掌握还很不充分。几十年的工作实践证明，这种情况严重地制约了长城保护政策法规的出台，严重影响了具体保护计划、措施的制定和实施。长城家底不清已经成为长城保护、研究等工作深入开展的瓶颈。采取有效措施，彻底改变长城家底不清，进而扭转长城保护工作的被动局面，已经成为文物保护工作者的共识，同时也已经成为社会各界广为关注的焦点之一。从这个意义上说，长城资源调查不仅是文化遗产保护事业发展的需要，也是时代赋予我们的任务。为此，国家文物局从2007年开始到2010年，用四年时间完成了我国长城资源调查的工作。其中，前两年集中精力开展明长城调查工作，确保2008年下半年完成明长城调查数据汇总，向社会公布明长城基础数据。随后计划发布汉、秦长城基础数据，进而发布其他时期的长城数据，并完成长城记录档案和数据库建设工作，争取用较短的时间摸清长城家底，为落实《长城保护条例》确定的工作任务，为长城保护管理的良性发展打下坚实基础。目前，经过长城沿线文物部门和测绘单位的通力合作，长城资源调查已经进入尾声，建议及早向社会发布相关信息，使更多的人能够发挥对长城保护资源的知情权、监督权、参与权，促进全社会保护长城的积极性。

二是加大实施长城保护工程的力度。长城历史久远，时代交叠，地域广阔，情况十分复杂。基于这种认识，国家文物局经过多次研究，制定并报国务院领导批准，实施《“长城保护工程（2005—2014年）”总体工作方案》。近年来相继开展了山海关长城、嘉峪关长城等重点地段的长城保护工程。建议坚定不移地完成《“长城保护工程（2005—2014年）”总体工作方案》所确定的长城保护各项目标，继续加大长城保护工程实施力度，国家和各级地方政府均须加大人力、物力的投入力度，对长城濒危点段进行全面的抢救维修。同时，各级政府均应对沿线长城明确划定保护范围和建设控制地段，并对社会公布；各级政府均应颁布长城保护的地方性法规；各级政府均应设立专门的长城保护管理机构，落实长城保护员的有效制度。

河北万里长城——山海关（2006年4月27日）

三是加大社会公众长城保护意识。长城和大运河一样，是大型和线型文化遗产，沿线涉及众多地区民众的生活环境变化，因此长城保护的成功与否，在很大程度上都要依靠社会民众的集体力量。20世纪80年代，邓小平同志亲自倡导的“爱我中华、修我长城”活动，在激发广大民众爱国热情的同时，极大地推动了长城保护工作的进展。今天，要通过宣传使广大民众正确认识开展长城保护的重要意义。长城是祖先留给我们的世界上独一无二的世界文化遗产，是人类伟大的力量和智慧的杰出代表，是中华民族的象征。做好长城保护的各项工作，上承祖先，下传子孙，使每一位炎黄子孙都认识到长城保护的伟大意义，参与到长城保护的实际行动中来，长城文化遗产才是最安全的。

保护长城：上承祖先 下传子孙[1]

（2012年5月30日）

长城是世界上规模最大的文化遗产，其建造时间之长，分布地域之广，影响力之大，是其他文物不可比拟的。

不可否认，长期以来长城仍然面临着相当严重的人为和自然破坏的威胁，特别是近年来人为破坏有加剧趋势。以法人违法为主体的建设、开发性破坏已成为当前破坏长城的主要形式，具有来势凶猛、破坏力大，有时甚至是毁灭性的特点，而有法不依、执法不严、保护管理力量薄弱、经费匮乏等因素导致破坏长城的行为不能被及时有效制止。

随着时代的发展，人们对包括长城等在内的文物保护的理念和认知水平也有了较大提高。比如，以前我们谈起长城，较多的是关注长城墙体本身和修筑于墙体之上的附属设施——敌台、马面、城门等。而现在随着文化遗产保护概念的扩展，我们在关注文物本体的同时，也开始注意对其环境风貌、景观加以保护。以前调查中容易被忽略的一些与长城有关的遗迹，例如相关的生产、生活设施，长城周边的自然、人文状况等，都将成为长城保护的重要内容。

应尽快完成长城资源调查。科学调查，全面准确掌握长城现存状况，是落实长城保护法规和管理措施最基础的工作。尽管长城遭受

①此文发表于《人民日报》，2012-05-30（20）。

破坏的形式和原因多种多样，但是家底不清，保存状况不明则是重要的原因之一。几十年的工作实践证明，这种情况严重地制约了长城保护政策法规的出台，严重影响了具体保护计划、措施的制定和实施。长城家底不清已经成为长城保护、研究等工作深入开展的瓶颈。从这个意义上说，长城资源调查不仅是文化遗产保护事业发展的需要，也是时代赋予我们的任务。目前，长城资源调查已经进入尾声，建议及早向社会发布相关信息，使更多的人能够享有对长城保护资源的知情权、监督权、参与权，促进全社会保护长城的积极性。

加大实施长城保护工程的力度。长城历史久远，时代交叠，地域广阔，情况十分复杂。国家和各级地方政府均须加大人力、物力的投入力度，对长城濒危点段进行全面的抢救维修。同时，各级政府均应对沿线长城明确划定保护范围和建设控制地段，并对社会公布；各级政府均应颁布长城保护的地方性法规；各级政府均应设立专门的长城保护管理机构，落实长城保护员的有效制度。

加大社会公众长城保护意识。长城和大运河一样，是大型和线型文化遗产，沿线涉及众多地区人们的生活环境变化，因此长城保护的成功，在很大程度上要依靠社会民众的集体力量。20世纪80年代，邓小平同志亲自倡导的“爱我中华、修我长城”活动，在激发广大民众爱国热情的同时，极大地推动了长城保护工作的进展。今天，要通过宣传使广大民众正确认识开展长城保护的重要意义。长城是祖先留给我们的独一无二的世界文化遗产，是人类伟大的力量和智慧的杰出代表，是中华民族的象征。做好长城保护的各项工作，上承祖先，下传子孙，使每一位炎黄子孙都认识到长城保护的伟大意义，参与到长城保护的实际行动中来，长城文化遗产才是最安全的。

关于敦煌莫高窟保护和敦煌研究院工作情况的汇报

（2012年8月24日）

敦煌位于河西走廊西端，是古代“丝绸之路”的“咽喉之地”。古代敦煌受到中国汉文化以及印度和中亚佛教和佛教艺术的影响，于公元4—14世纪期间，先后兴建了敦煌莫高窟、西千佛洞、东千佛洞等一系列石窟，统称敦煌石窟，其中尤以莫高窟最为典型。

甘肃敦煌莫高窟（2012年8月24日）

莫高窟始建于公元366年，从公元4世纪开始，历经千年不断的凿窟造像和重修、重塑、重绘，至14世纪，形成了南北全长1 700多米的宏大石窟群。如今莫高窟仍保存着735个洞窟、45 000平方米壁画、2 000多身彩塑和5座唐宋木构窟檐，还有藏经洞发现的5万多件文献和其他文物。莫高窟具有突出的普遍价值，符合世界文化遗产的全部六条标准，1987年被联合国教科文组织世界遗产委员会批准列入《世界遗产名录》。

敦煌莫高窟自16世纪至今几百年间，由于无人管理，遭受了自然和人为双重破坏，历尽沧桑，几成废墟。敦煌研究院成立后，为实现莫高窟这一文化瑰宝的永久保存、永续利用，使其真实地、完整地流传后世，进行了长期艰苦的探索，做了大量保护管理的工作。

保护法规体系建设：2002年，甘肃省人大常委会通过了《甘肃省敦煌莫高窟保护条例》，明确了莫高窟保护区的特殊法律地位，为世界文化遗产提供了具体的法律保障，规范了莫高窟的保护、利用、管理等各项工作。

保护与管理规划：从1999年开始，敦煌研究院先后与美国盖蒂保护研究所、澳大利亚遗产委员会、中国建筑设计研究院建筑历史研究所合作，编制了《敦煌莫高窟保护总体规划》。规划明确了敦煌莫高窟20年（2006—2025）保护、研究、利用和管理的分项规划目标与内容，提出将其建设成为世界级的遗址博物馆、符合国际保护规范的遗产地、具有国际影响的敦煌石窟研究和信息资料中心、具有国际水准的石窟壁画保护研究中心，并发挥相应社会效益的总目标。

管理机构和专业队伍：敦煌研究院成立于1944年，是集莫高窟保护、研究、弘扬为一体的学术机构，是古代壁画保护国家文物局重点科研基地。敦煌研究院下设18个职能部门，包括保护研究所、接待部等，现有正式职工266人，其中专业技术人员占71%。

文物本体保护和环境治理：20世纪90年代以来，通过国际合作，积极开展壁画病害防护、修复和研究，总结出了一整套科学的保护修复技术模式和程序。目前，莫高窟壁画和彩塑病害总体上得到较大缓解，保存状况得到明显改善。同时，为了防止风沙对文化遗产本体和环境的严重危害，在莫高窟崖顶开展综合风沙治理工程，采用现代阻沙、固沙技术和防风林带建设，使窟区的流沙减少了70%，石窟环境得到改善。

莫高窟保护和展示面临的挑战仍然很大。

自20世纪90年代以来，莫高窟旅游呈现游客总量不断增长、季节性强、参观时段比较集中的特点。据地方旅游部门预测，未来5～15年，莫高窟的游客流量最高峰值预计将达到每年64万～164万人次，日游客流量峰值将达到8 000～16 000人次。由于莫高窟狭小的洞窟空间和脆弱的壁画彩塑不具备大规模现场参观的条件，因此旅游的现状和未来发展给莫高窟的保护形成了极大的压力。

根据对莫高窟开放洞窟的长期监测和研究，敦煌研究院为解决保护和利用矛盾，采取了一系列的应对措施。

洞窟和窟区游客承载量研究：敦煌研究院与盖蒂保护研究所合作，开展莫高窟游客承载量的研究项目。项目内容包括游客对开放洞窟微环境的影响、洞窟环境变化与壁画病害关系两个方面的研究。经研究分析，莫高窟窟区合理的游客承载量为每日2 900人次，但是旅游旺季出现过每日的游客最高峰值实际达到或超过5 000人次。上述承载量的研究充分说明游客数量如不加以控制，任其继续增加，将会对洞窟文物的保护造成潜在的威胁。

游客管理的探索和措施：敦煌研究院探索了一系列措施加强开放中的保护和展陈工作，包括加强开放洞窟微环境和游客流量的监测；确定开放洞窟选择标准；实行游客参观预约制度；为在旅游旺季缓解游客过多对洞窟造成的压力，增加参观线路；旅游旺季及时调整路线、流量和参观时间等。企望通过这些管理措施的实践和改进，将游客参观可能对洞窟文物构成的威胁降到最低程度。

丰富展示内容：敦煌研究院陆续建设了敦煌石窟文物保护研究陈列中心、藏经洞陈列馆、敦煌研究院院史陈列馆等陈列展示，向游客免费开放。这些不同内容的展陈，既增加了游客对敦煌历史和文化信息的了解，又为缓解游客参观对洞窟造成的压力起到一定的作用。

敦煌艺术的数字化存贮与再现研究：为了永久地保存莫高窟的全部历史信息和突出珍贵价值，敦煌研究院与美国西北大学，利用当代先进的摄影技术、数字技术，研究探索敦煌石窟艺术的存贮与再现。近年来又与浙江大学、中国科学院计算技术研究所、武汉大学等合作开展了进一步的技术研发，经过多年的试验，已经开始了逐窟对建筑、彩塑和壁画的数字记录，形成莫高窟数字档案。

改进传统展示方式，建设数字展示中心：随着石窟艺术数字技术的发展，敦煌研究院计划建设敦煌莫高窟数字展示中心，该项目得到了国家的支持。数字展示中心建成后，现有的游客合理承载量将扩大1倍，提高到每日6 000人次。这样不仅可以将游客过多对洞窟文物造成的威胁降至最低程度，使洞窟得到有效保护，而且可以充分扩展敦煌石窟艺术展示的场所和空间，通过高分辨率、高清晰度的影像展示，使游客欣赏到更加细致精美的敦煌艺术，获取更多的敦煌石窟艺术信息。

在中国文物学会大运河专业委员会成立会议上的讲话

（2013 年 6 月 16 日）

今天，中国文物学会大运河专业委员会召开成立大会暨首届理事会议。也正是在今天,第三十七届世界遗产委员会会议将在柬埔寨的金边开幕。按照惯例，会议将审议世界各地的文化遗产保护状况和最新申报的文化遗产项目。我们期盼着我国申报的世界文化遗产项目成功列入《世界遗产名录》，也期盼着中国世界文化遗产保护不断得到新发展，取得新成果。

浙江杭州大运河（2009年6月11日）

大运河的保护和申报世界文化遗产，是一项庞大的、影响广泛而又意义深远的系统工程，是对中华民族负责、对人类共同智慧传承负责，利在当代、功在千秋的事业。近年来，大运河保护引起关注的契机，一是南水北调东线工程中的文物保护，二是公布第六批全国重点文物保护单位。2004年初，在参加南水北调东线工程中文物保护项目的调研时，发现虽然东线工程主要是利用整修后的大运河古河道进行调水，但是在有关可行性研究报告中，对大运河和沿线文物古迹的保护没有给予应有的重视，使大运河文化遗产保护面临严峻挑战。

为此，在2004年3月召开的全国政协十届二次会议上，我邀请樊锦诗、安家瑶、刘庆柱、夏燕月、陈漱渝、王洪华、杨力舟等7位委员联名，提交了“关于大运河文化遗产保护亟待加强的提案”，指出“大运河主河道和沿线文物古迹始终没有被列入全国重点文物保护单位，没有列入世界文化遗产名录，没有制定一部法规来肯定和保障它的历史地位。所以，亟须重新确定大运河作为人类文化遗产的历史特质与重要地位”。

2004年3月下旬和2005年5月上旬，我和同事们开始对大运河及其沿线的文化遗存进行考察。在考察中，一方面为大运河丰富的文化遗产资源而兴奋不已，另一方面，也为大运河不容乐观的保护状况忧心忡忡。为此，在国家文物局评审第六批全国重点文物保护单位的过程中，提出应将京杭大运河整体列入保护之列，这一建议获得评审专家们的赞同。2006年5月，在我国第一个“文化遗产日”前夕，国务院将京杭大运河公布为全国重点文物保护单位。

我们投身于大运河保护和申报世界文化遗产工作初期，对大运河价值内涵的认识还没有像今天这样清晰，鸟瞰大运河价值的视野远没有像今天这样广阔，想到的要克服的困难也没有像今天这样复杂。但是，回顾我们走过的路，可以非常自豪地说，我们做了一件有意义的事，就是逐步赋予、展现了大运河应有的价值尊严和拓展了大运河文化遗产的生存空间。

今天的到会代表都是关心、支持、参与大运河保护的学者和参与者；特别是许多老专家，更是为大运河保护做出了突出的贡献。回顾我们亲身经历的大运河保护过程，可以看出，大运河的保护和价值发掘是一代代文物工作者和全社会共同努力的结果。2005年12月15日，在纪念中国加入《保护世界文化和自然遗产公约》20周年之际，时年82岁的罗哲文先生、90岁的郑孝燮先生以及61岁的工艺美术大师朱炳仁先生，共同向京杭大运河沿线的18个城市的市长发出了一封公开信，“呼吁用创新的思路，加快大运河在申报物质文化和非物质文化两大遗产领域的工作进程”。

2006年3月，包括舒乙委员、姚珠珠委员和我在内的58位全国政协委员，向全国政协十届四次会议联名递交了《应高度重视京杭大运河的保护和启动“申遗”工作的提案》，在提案中我们提出，“尽快成立由相关部委、有关专家、沿岸政府参加并鼎力支持的研究机构”。特别令人感动的是，在2006年2月，谢辰生先生和罗哲文先生还专门前往全国政协文史委员会，介绍大运河情况并推荐可行性方案。为了为这份提案提供更准确的信息，罗哲文先生和郑孝燮先生还专程从北京出发，前往杭州和扬州开展调研工作，动员大运河沿线政府给予支持。随后，全国政协文史和学习委员会将成立“中国京杭大运河研究会”等工作提交到全国政协主席会议讨论。虽然这个建议最终没能实现，但是以大运河保护为核心，建立一个大运河文化遗产专业研究机构，是社会各界呼吁和努力实现的一项目标。

2013年，对大运河保护来说是非常重要的一年。大运河申报世界文化遗产开始进入迎接评估考核的阶段。但是我们的目光，已经超越了“申遗”结果本身，而是更加关注建立大运河文化遗产的保护体系，更加关注保护成果该怎样惠及民生。开展这项新工作的目标，已经不仅仅是为了维护大运河文化遗产的尊严，而是为发展中的中国文化遗产事业提供有力的理论支撑和有效的保护方法。今天，加强大运河文化遗产保护的实践活动与学术理论研究，是一项受到格外关注的工作。要注意发挥好大运河专业委员会的人才优势和智力资源，开展好委员会各项工作。

第一，我们应该具有开阔的胸怀。大运河是中华民族独特的文化遗产。大运河的保护过程，是全社会共同参与、几代人共同努力的成果。要做好大运河保护研究工作，必须广泛吸纳真心热爱大运河和文化遗产保护的各方社会力量参与。经过多年的探索与实践，我们基本形成了政府主导作用与广大民众主体地位相结合的文化遗产保护体制。这就为大运河的综合保护提供了有力的支撑。开阔的胸怀还要求我们虚心借鉴国际同行的经验，承担起为人类共同文化智慧的传承做出新贡献的责任。

第二，我们应该具有宽泛的视野。大运河的研究对象，涉及多种文化范畴。大运河文化遗产的综合性特征，体现在它是一项文化要素和自然要素共同构成的混合遗产；是静态与动态共同构成的活态文化遗产；是由点、线、面共同构成的文化遗产廊道；是由古代遗址、近代史迹还有当代遗产共同构成的中国文化遗产；是反映了普通民众生产生活的工业遗产、乡土建筑遗产；是物质与非物质文化遗产共同构成的文化空间。大运河文化遗产的研究过程，印证了中国文化遗产保护理念的发展变化轨迹，其中文物保护的空间尺度和时间维度不断拓展，文化遗产范畴、类型和保护理念不断探索与创新。大运河为我们提供了一个难得的生态系统研究机会；通过它，我们可以为许多大型文化遗产保护提供经验。例如大运河的保护过程，现在已经作为线型文化遗产和文化景观保护的可借鉴范例，被四川和陕西的同人们，移植在蜀道文化遗产线路保护之中。

第三，我们应该具有集成的智慧。此次提交成立大会讨论的中国文物学会大运河专委会的理事会名单，包含了当前大运河文化遗产研究各个领域的杰出力量。这是非常令人羡慕的人才集成。今天这个成立大会，简朴、务实，大家坐在一起，为保护大运河文化遗产集思广益、畅所欲言，又有可以憧憬的美好未来，可谓天时、地利、人和。当前各级政府保护发展文化遗产的责任意识、主动意识显著增强；全社会参与文化遗产保护、传承的积极性高涨。但是，也必须看到，在文化遗产保护理念和实践中，还存在着许多误区和空白。经济社会的快速发展，也要求我们必须以时不我待的紧迫感来抓紧开展工作，把实践升华为理论，用科学的理论指导实践。在这里应该指出的是，大运河申报世界文化遗产项目，是在国家文物局统一部署和协调下，由各地方政府主导开展的一项国家重点工程。作为大运河专业委员会，应该把自己工作的目光更加集中到保护好、研究好、传承好文化遗产方面，搭建好保护研究的平台，集合各位会员与专家的智慧，探索一些有理论价值、有实践基础、有应用意义的研究课题和项目，多出优异成果，培养优秀人才，为促进大运河的保护研究和保护实践做出积极的贡献。

第四，我们应该具有规范的组织。中国文物学会是团结文物专家学者和社会各界人士积极参与文物保护工作的学术团体。今天，作为学会的分支机构，大运河专业委员会的成立为学会的工作拓展了新的领域。中国文物学会对成立大运河专业委员会十分重视，选派副会长张廷皓先生担任专业委员会会长。我们希望学会的领导班子和各位理事，各单位会员和个人会员，都要遵守学会的章程和专业委员会的工作规则，践行学会的宗旨和责任，健全完善工作制度，维护学会的诚信和声誉。做好学会的工作，要一手抓组织建设，一手抓开展活动。在今后的工作中加强团结，相互协作，把组织建设好，使活动富于特色，展示学会的生机与活力。

我现在到故宫博物院工作，应该说说大运河保护与故宫文化遗产保护的关系。会前我请教了故宫博物院的专家，感到两者之间关系密切。紫禁城是明清两代的国家政治中枢，大运河自隋唐开凿以来便成为中国的经济大动脉。二者空间上的对接，行政上的互动，对古代中国的政治经济发展起到了举足轻重的作用。中国自宋代以来，经济重心第二次转移到江浙苏皖，尤其明代中后期以后，大运河这条南北水路，源源不断地把沿岸的丰富物产运抵京城，尤其是南方的粮食，作为“天庾正供”，通过大运河输运到北京，被称为漕粮。在京城的朝阳门内建有各种仓廪，诸如南新仓、北新仓等，用于存贮粮食，以保证皇家供应以及北方生民口粮、兵丁军饷等。江南三织造的丝绸布帛、南方茶叶等亦通过运河运抵京城，可以说，运河就是一代王朝的生命线，没有运河，皇帝的衣食将有忧虑，皇权的统治必将不稳。

运河不仅支撑了王朝皇室的日常消费，还是皇家艺术品造作加工的运输线，像清代宫廷中的大型玉雕，均要经过运河把玉料运到扬州，雕琢完成后再运往京城皇宫，其中最著名的就是大禹治水玉雕。许多在苏州制作的精美漆器也由运河输入宫廷。南方的艺术风尚由此途径多方位地走入皇宫的大雅之堂，为宫廷艺术融入更多的营养。乾隆朝编纂的《四库全书》，其中的三部贮藏于南方三阁，亦应是通过运河输送而至，为江南士子成就科举之途，成为国家栋梁发挥了积极作用。运河不仅输运着物质保障，还是一条文化之路。康有为曾说："漕运之制，为中国大政。"为维系运河的有效运转，在国家政治中枢的紫禁城内，皇帝为其管理设计了一套有别于地方行政的独立运转体系，从明代开始设置漕运总督、河道总督，由中央直辖，其位尊同于封疆大吏的总督。漕运总督专司漕粮征收、押运等，河道总督负责河道治理。他们共同为紫禁城内皇权的稳固发挥着重要的作用。

各位代表，今天，是实现多年愿望的时刻，更是全新的起点。通过科学的研究和传播，保护好、传承好大运河文化遗产，是历史赋予我们的责任，也是时代对我们的期望。我们要通过扎实有序的工作，交出一份合格的答卷。

在中国大运河水利遗产保护与利用战略论坛上的发言

（2013年12月30日）

非常感谢给我这次发言的机会。提起大运河，大家都很动感情，因为大运河牵扯着中华民族太多的难忘记忆，这十年来，又给我们各位同人带来太多的悲喜情怀。

今天，大运河保护进入了一个新的阶段，作为一名文物工作者，我对大运河的水利遗产价值，不像在座的水利部门同人们认识那么深刻，特别是各位水利专家在延续大运河水利功能方面做了很多实际贡献。对我来说，认识大运河文化遗产价值的契机，是2003年参与论证南水北调工程中的文物保护问题，我是从那时起开始关注大运河文化遗产的整体保护的。之后，曾多次与一些专家学者进行大运河文化遗产考察，包括当时80多岁高龄、现已92岁的谢辰生先生，文物界老前辈罗哲文先生等。在考察中我们看到，大运河流域环境污染严重，文物本体年久失修。同时，沿线一些城市由于规划控制失当，建设性的破坏时刻威胁着文化遗产及其背景环境，使大运河的独特价值和真实性、完整性被逐渐削弱。我们走过大运河沿线三次之后，对大运河的文化遗产价值和保护行动的紧迫性有了一些新的认识。

2004年3月，在全国政协十届二次会议上，我和几位文物界的政协委员提交了“关于大运河文化遗产保护亟待加强的提案”，强调“中国大运河是世界上最长的人工河，也是我国唯一南北走向的长河，它和长城一样成为中国人所创造的两大古代工程奇迹”，指出“大运河主河道和沿线文物古迹始终没有被列入全国重点文物保护单位，没有列入《世界文化遗产名录》，没有制定一部法规来肯定和保障它的历史地位。所以，亟须重新确定大运河作为人类文化遗产的历史特质与重要地位”，为此，建议“国家设立专项资金，由国务院有关主管部门组织大运河沿线的相关省、市，在近期内集中开展大运河区域的文物资源全面调查，在调查研究的基础上，编制《大运河文化遗产保护总体规划》，并制定大运河文化遗产保护的专项法规”。这一呼吁得到国家文物部门的重视，在社会上也引起一定反响。国家文物局于2004年启动了“大运河整体综合性保护可行性研究”课题，初步分析了大运河保护的科技需求，提出了大运河综合保护的技术思路。

2005年在评审第六批全国重点文物保护单位的过程中，提出应将京杭大运河列入保护之列，这一建议获得评审专家们的赞同。2006年5月，在我国第一个“文化遗产日”前夕，国务院将京杭大运河公布为全国重点文物保护单位。将贯通6个省和直辖市、24个城市的京杭大运河作为一项文物，整体列入全国重点文物保护单位，这在文物保护领域是一次具有划时代意义的变革。京杭大运河被列入全国重点文物保护单位以后，在文物保护格局、思路、理念等方面发生了深刻的变化。多年来，全国政协在推动大运河文化遗产保护和申报世界文化遗产方面做出了重要贡献。2006年至2008年，全国政协先后三次组织大运河保护和申报世界文化遗产考察活动，掀起了空前高涨的大运河申报世界文化遗产的热潮。

2006年12月，国家文物局将大运河列入我国重新设定的《中国世界文化遗产预备名单》。2007年3月，在全国政协十届五次会议上，我又会同41名全国政协委员提交了“关于推进大运河申报世界文化遗产工作的提案”，提出“应积极探讨构建高效的申报世界文化遗产的机制，制订切实可行的战略和计划，争取早日将我国大运河成功列入《世界遗产名录》”。实际上，从京杭大运河成为全国重点文物保护单位，到将大运河列入《中国世界文化遗产预备名单》，我们对大运河文化遗产资源的认识在不断得以深化。

2007年6月20日，国家文物局与水利部、交通部等相关部门共同召集沿线有关城市政府和文物部门，召开了“大运河保护与申报世界文化遗产工作协调会议”，至此大运河保护与申报世界文化遗产工作全面启动。2007年9月底，大运河联合申遗办公室在扬州正式挂牌成立。2007年11月，国家文物局邀请国际古迹遗址理事会（ICOMOS）世界遗产顾问，实地考察大运河文化遗产。大运河保护与申报世界文化遗产行动开始进入国际文化遗产保护领域的视野。2009年1月，国务院同意将大运河作为我国2014年申报世界文化遗产项目。这标志着大运河保护和申报世界文化遗产工作从地方、部门层面上升到国家层面，成为国家重大文化工程，进入了全面展开的新阶段。

2008年至2010年，国家文物局在扬州先后三次召开“运河保护暨申报世界文化遗产工作协调会”，使各项工作得以有序开展。按照工作部署，大运河遗产保护规划编制工作分三个阶段进行：2009年6月底前，完成地级市大运河遗产第一阶段保护规划编制工作；2009年12月底前，完成各省、直辖市大运河遗产第二阶段保护规划汇总工作；2010年12月底前，力争完成大运河总体保护规划编制工作。在座的谭徐明老师和多位专家都自始至终参加了相关的指导和组织协调工作。

就总体部署来说，大运河申报世界文化遗产工作分为三个阶段。第一阶段是从2009年到2010年的启动阶段，主要任务是完成大运河文化遗产的地市级、省级和全线保护规划编制，并做好与交通运输、水利、环保等规划的衔接；遴选、评估大运河申报世界文化遗产的重要节点及线段，确定大运河文化遗产申报范围。第二阶段是从2011年到2012年的保护、整治阶段，主要任务是完成大运河保护管理立法工作，组织做好规划实施；完成大运河文化遗产本体保护、环境整治、水资源保护、生态治理、档案资料和监测平台建设；编制大运河申报世界文化遗产文本并履行预审程序。第三阶段是从2013年到2014年的申报阶段，主要任务就是申报世界文化遗产。

十年来，我们认真履行《世界遗产公约》，积极开展世界文化遗产申报和保护，使中国成为每年申报世界文化遗产，而且每年都获得成功的唯一国家。从2004年的高句丽王城、王陵及贵族墓葬，2005年的澳门历史城区，2006年的殷墟，2007年的开平碉楼与村落，2008年的福建土楼，2009年的五台山，2010年的登封“天地之中”历史建筑群，2011年的西湖文化景观，到去年的元上都遗址，今年的哈尼梯田，十年“申遗”路，就是我们从“文物保护”走向“文化遗产保护”新理念的新实践。

对于“申遗”，我们问心无愧地付出了很多努力，但是也经常受到来自各方面的质疑。例如五台山“申遗”成功后，当地政府庆祝之时，宣称数年来为五台山申报世界文化遗产投入资金达

8亿元，于是招致社会舆论质疑申报世界文化遗产的绩效。实际上，就申报本身来说并不需要投入巨资，无非是编制申报文本，参加世界遗产大会进行陈述。但是，如果希望申报世界文化遗产取得成功，则需要纠正历史上遗留下来的保护方面问题，其中往往伴随对环境的整治，例如为了使五台山台怀镇佛教寺庙群恢复“深山藏古刹”的历史环境，需要对古建筑群周边杂乱无章的房屋进行整治。

事实证明，申报世界文化遗产的正确理念和实践，可以带来震撼人心的文化成果。例如西湖文化景观申报世界文化遗产的过程，虽然没有在环境整治上投入很多资金，但是在环境控制上付出了艰苦努力。西湖申报世界文化遗产的十年，正是杭州市经济社会蓬勃发展的十年，西湖周边土地和房屋的经济价值，无疑具有巨大的吸引力和诱惑力。但是当申报世界文化遗产成为全体市民的共识后，美丽的西湖得到了勇敢的捍卫和精心的呵护，在西湖的“三面云山”中没有出现任何伤害文化景观的现代建筑，创造了在蓬勃发展的大城市中心区申报世界文化遗产的成功范例。通过西湖申报世界文化遗产，我们认识到，“申遗”的目的是保护，保护的目的是传承。

最近，重访大运河，感触很深。转眼间10年过去了，大运河保护与申报世界文化遗产经历了令人难忘的历程，目前已经进入关键阶段。大运河文化遗产经过保护和环境整治，更具魅力，因而顺利迎接了世界文化遗产专家的考察。在明年召开的第38届世界遗产委员会会议上，大运河将成功列入《世界遗产名录》。每当想到这一时刻的来临，都感到格外兴奋和欣慰。大运河保护和申报世界文化遗产这一过程，给我们带来了什么呢？回顾起来感到收获颇多。

首先是文化遗产保护内容和范围的变化。大运河文化遗产保护的提出，促进了我们对新型文化遗产的研究，不但使大运河保护工作进入一个崭新的阶段，而且也引发了文化遗产保护领域的一场思想变革。在认真分析大运河文化遗产资源和价值的基础上，归纳出其六个方面的特征，一是在保护要素方面，大运河是由文化要素与自然要素相互作用而形成的“文化景观”；二是在保护类型方面，大运河是静态与动态共同构成的“活着的、流动着的文化遗产”；三是在保护空间尺度方面，大运河是由点、线、面共同构成的“线型文化遗产”；四是在时间尺度方面，大运河是由古代遗址、近代史迹还有当代遗产共同构成的“文化遗产廊道”；五是在保护性质方面，大运河包括了反映普通民众生产生活的工业遗产、乡土建筑等“民间文化遗产”；六是在保护形态方面，大运河是由物质要素与非物质要素结合而成的“文化空间”。事实上，对大运河文化遗产价值的认识，开阔了文化遗产保护的视野，促进了从“文物保护”走向“文化遗产保护”的思考。

其次是文化遗产保护尺度和格局的变化。重新设立的《中国世界文化遗产预备名单》明确了大运河的保护范围，既包括“京杭大运河”，也包括“隋唐大运河”，形成完整、科学的概念。此后，经研究又将“浙东运河”纳入了保护和申报世界文化遗产范围。至此，大运河保护和申报世界文化遗产范围包括京杭大运河、隋唐大运河和浙东运河，地跨北京、天津、河北、山东、江苏、浙江、河南和安徽8个省、直辖市的35座城市。这一保护格局具有战略思考。其中古都洛阳既是隋唐大运河的西起点，也是丝绸之路的东起点，它的加入，将丝绸之路和大运河联系在了一起，而浙东运河又将京杭大运河与海上丝绸之路联系在了一起。这样就形成了横贯祖国东西，西连沙漠绿洲丝绸之路，东连海上丝绸之路的气势磅礴的古代大型商贸运输和文化交流通道。

三是文化遗产保护理念和目标的变化。长期以来，我们往往把文化遗产保护视为一项部门的、专业的工作，而没有将其看作一项全民的、社会的事业。通过大运河保护我们认识到，文化遗产保护涉及千千万万民众的现实生活。今天对文化遗产进行保护不能仅限于严防死守，必须更加积极地行动，努力实现三个目标。一是必须给予文化遗产应有的尊严，使其成为现实社会生活中美好的事物；二是文化遗产保护必须融入经济社会发展，成为促进经济社会发展的积极力量；第三，文化遗产保护成果一定要惠及民众，让广大民众切实感受到保护文化遗产就是保护自己的生活。近年来，正是在这些理念的指导下，大运河沿线城市和广大民众积极行动起来，倾心支持大运河申报世界文化遗产，也切实感受到了大运河保护对城市发展和生活改善的积极意义。